コロナでついに国家破産

Pandemic crisis! National bankruptcy eventually approaches Japan.

―2026年の悪夢―

浅井 隆

第二海援隊

プロローグ

およそ世の中に何が怖いと言っても、
暗殺は別にして、借金ぐらい怖いものはない。

（福澤諭吉）

コロナ不況より数十倍ひどい経済災害がやってくる

ついに、〝壮大なキッカケ〟が起こってしまった。

新型コロナウイルスの感染拡大が世界中を大混乱に陥れたのだ。一九二九年から始まった世界恐慌は「グレート・ディプレッション」（壮大な不況）と呼ばれたが、今回のコロナパニックは「グレート・ロックダウン」（壮大な移動封鎖）と呼ばれている。人々の移動の自由を奪い、レストランや商店なども閉鎖されたために経済的に大変な損害をもたらした。

その救済のために行なわれたのが、政府・中央銀行によるばら撒きだ。経済を死なせないようにするための致し方ない緊急措置とはいえ、このツケが将来、とんでもない形で私たちの生活と財産に襲いかかってくるだろう。私に言わせれば今回の事態は、「グレート・スカッター・オブ・マネー」（壮大なばら撒き）ということになる。二〇二〇年度だけで、政府の歳出は一七五兆円にも達し、新規国債発行は一一二兆円という前代未聞の異常事態となった。なんと、たった一年で借金が一一二兆円も増えたのだ。実に、ＧＤＰの二〇％にも達する。

そしてその結果、数年後にこの国で起きる現象こそ、「国家破産」なのだ。

すでに、コロナ前から日本国は世界でも最大のＧＤＰ比二五〇％近い借金を抱えていたが、今回のばら撒きによって借金は垂直に急上昇し始め、収入である税収はコロナの影響で落ち込むという、まさに緊急事態に突入した。

つまり、今まで何とか持ってきた日本国の財政は、コロナによっていよいよ破綻へ向けて坂を転がり落ち、国家破産という前代未聞の状況に突入するのだ。

ここで、皆さんに一つだけ警告しておきたいことがある。それは、国家破産とは、コロナ不況と比べてさらに数十倍ひどい経済大災害だという点だ。

したがって、今からその実体を理解し、対策を打たねばならない。本書はそのために書かれた、国家破産対策のバイブルである。

二〇二一年五月吉日

浅井　隆

目次

第五章　今すぐ始めるべき国家破産対策〈基礎：国内編〉

第六章　二、三年かけてじっくりやる本格的国家破産対策〈応用：海外編〉

エピローグ

※注　本書では一米ドル＝一一〇円で計算しました。

第一章　新型コロナが日本を破綻させる‼

あらゆる矛盾は一度極限まで行く。

（ジョージ・ソロス）

二〇二四年に日本が破綻するという〝うわさ〟

世界が新型コロナウイルスのパンデミック（感染症の大流行）を経験する前の二〇一九年、日本のインターネット上である不穏な〝うわさ〟が流れた。それは「新紙幣の陰謀論」と呼ばれており、内容は決して穏やかなものではない。「二〇二四年に日本が財政破綻する」というのだ。今でもインターネットで検索すると多くの動画（YouTube）や記事が残っているので、興味のある方はご覧いただきたい。

まだ記憶に新しいが、実はこの年、日本政府が「二〇二四年に紙幣を刷新する」と発表した。ほとんどの国民は単なる紙幣デザインの刷新（それとさらなる偽造の防止）と受け止めたが、一部の人間は過去に起きた「預金封鎖」や「新円切換」（デノミネーション。貨幣の呼称単位の変更）の経験から、二〇二四年のそれが単なるデザインの刷新などではなく、国民生活に大きな打撃をおよぼすイベントになるのではないかと勘ぐったのである。

また、新一万円札の肖像画が近代資本主義の父と称される渋沢栄一であったことも火に油を注いだ。というのも、終戦直後の一九四六年二月に突如として実施された預金封鎖とデノミを発表したのが、渋沢栄一の孫であり時の蔵相であった渋沢敬三だったからである。これを一部のネットユーザーが深読みし、「二〇二四年の紙幣刷新は怪しい（政府には何かしらの意図がある）」とのうわさに、ある種の信ぴょう性を帯びさせた。

結論から言うと、あくまでもこれは陰謀論の域を出ない。国外送金の禁止といった厳格な資本規制が敷かれていない中で預金封鎖やデノミを予告すれば、瞬く間にキャピタル・フライト（資本逃避）が起こり、政府のもくろみは絵に描いた餅に終わる。言い方を変えると、預金封鎖やデノミは突発的に実施するからこそ効果を発揮するのであって（繰り返すが、厳格な資本規制が実施されている場合は別である）、政府がご丁寧に数年先の重大イベントを予告することは、まず考えられない。

事実、欧州債務危機の際に預金封鎖（引き出し制限）が実施されたキプロスやギリシャでは、人々が銀行に殺到しないよう週末に突如として発表された。キプロスの場合は、二〇一三年三月一六日（土曜日）の朝。しかも、同年三月二八日までキプロスの銀行は営業を完全に停止したため、国民生活は大混乱に陥った。ギリシャの場合は、二〇一五年六月二八日（日曜日）に発表がなされている。銀行の窓口業務は完全に休止。一日あたり、わずか六〇ユーロ（約八二〇〇円）という引き出し制限が国民に課せられた。キプロスという先例があったにも関わらず、ほとんどの国民がそこから教訓を学ばなかったようで、現金の枯渇に直面する人が続出したのである。

歴史を振り返ると、すべての資本規制が週末に発表されてきたわけではないが、平日だとしてもそのほとんどが深夜の時間帯などに発表された。これは、最大限の効果を発揮させるためである。たとえば、バンク・ホリデー（預金封鎖）の場合は情報が事前に国民へ漏れ伝わったら、取り付け騒ぎは不可避だ。

過去には、オーストリアで預金税の導入が事前に国民に漏れたがゆえに急激なキャピタル・フライト（資本逃避）が起こって、通貨安に起因したインフレが誘発されたケースもある。預金封鎖に限らず、様々な資本規制の導入は当局にとって失敗が許されない。予告なく、突発的に実施するのがセオリーなのだ。

こんな話もある。二〇一五年にイタリアでポピュリスト連立政党が誕生した際、彼らは「イタリアのプランB」という名で極秘にユーロ圏からの離脱計画を作案した。八〇ページにおよぶこの小冊子は、複数のエコノミストの助言を基に作られたのだが、その中身が興味深い。要約するとこうだ――「仮にイタリアがユーロ圏から離脱するなら、金曜日の夜になるだろう。政府高官は極秘に計画を練り上げ、当日夜になってから欧州各国に通知すると同時に、資本の国外流出を防ぐため、銀行と金融市場の閉鎖を命じる」。

このレポートは世界中で話題となったが、当局がその気になった場合は週末に資本規制を発表するであろうことを改めて示唆した。財政危機の国で「週末（の政府の発表）に気を付けろ」とよく言われるのには、こうした背景がある。

ところで、私は先の「新紙幣の陰謀論」といったうわさを「一部のネットユーザーによる深読みのしすぎ」などと一笑に付すつもりはない。日本の財政状況がひっ迫の度合いを増しているのは紛れもない事実であり、こういったうわさが流布してしまうのも十分に頷ける。国家財政が過渡期にある時は、心配性なくらいがちょうどよい。私も、将来的には新たな手法で新円切換が起こると見ている。このことは後述したい。

結論から先に言ってしまうと、二〇二六年あたりに日本の財政は破綻するだろう。その帰結は大いなる円安であり、その直後に（二〇二七〜三〇年の間に）外国送金の禁止と言った資本規制や大増税がセットで実施されるはずだ。

財政破綻は、戦後七〇年にわたり〝安泰〟を享受してきた日本にとって、まさに過酷な試練となるであろう。「第二の敗戦」と呼ぶにふさわしいほどの、「パラダイムシフト」が起こるのだ。

もちろん、きちんと対策をしておけば過度に恐れることはない。一九三〇年代のアメリカで生まれた、「資産家は恐慌時に生まれる」という格言もある。一八世紀のフランスの蔵相アベー・テレは、「政府は少なくとも一〇〇年に一度は、財政均衡を回復するためにデフォルトを起こさなければならない」という後世に伝わる有名な言葉を残した。

栄枯盛衰のごとく、この世には普遍的な法則があり、制度疲労に達しつつある日本政府にもいよいよご破算の時が迫っていると考えた方がよい。今回のパンデミック（財政出動）は、その時期を早めたと言える。

戦争や災害などの有事もそうだが、極論を言うと自分の身は自分で守るしかない。この本を熟読されて、事前の対策を講じるよう強くお勧めする。

政府と日銀も「真っ青」なシナリオ――デフレ均衡の終焉

「デフレ均衡」という言葉を聞いたことがあるだろうか？　おそらくほとんどの方はないだろう。

デフレ均衡は、一九八〇年代から現在に至るまでの世界経済、そして日本の失われた三〇年を語る上で欠かせないワードだ。少し難しく感じるかもしれないが、大事なことなので説明したい。

まず、皆さんに理解していただきたいのは、現在の世界経済が歴史上かつてないほど高レバレッジ（債務まみれ）になっているということだ。ＩＭＦ（国際通貨基金）やＢＩＳ（国際決済銀行）のデータを基に日本経済新聞社がまとめたものによると、世界全体の政府・企業（金融を除く）・家計の債務残高は、二〇〇一年の五九兆ドルから二〇二〇年九月の二一〇兆ドルと、約四倍近くに増大している。

では、歴史上かつてないほどの債務残高があるにも関わらず、いまだに世界経済が破局を迎えていないのはなぜか？　その答えが、デフレ均衡にある。

デフレ均衡とは、一九八〇年代以降の世界的な経済トレンドのことで、具体的には以下のようなサイクルを指す――「物価下落→金利の低下（国債価格の上昇）→さらに国債に資金が集中→さらなる金利の低下」。

労働組合の減少（労働コストの低下）、インターネットの登場（労働コストの低下）、中国の出現（デフレの輸出）、グローバル経済の進化（関税の低下）など、経済学者の間ではデフレ均衡の原因を探る研究が今も盛んだが、兎にも角にも過去四〇年間にわたり、趨勢《すうせい》的な物価の下落と金利の低下が起きてきたのは事実である。

一般的に貨幣価値が上がるデフレは、借金の負担を増やす（インフレはその逆で借金の負担を軽減させる）と解説されることが多い。しかし、デフレによる金利の低下は、長い間借り手にとって有利な展開となってきた。趨勢的なデフレ下においては、借り換えの際にはさらに有利な金利が適用される。

こうした借り手に有利な状況が長く続いたことによって、世界全体でここまで債務が増えてしまった。言い方を変えると、債務まみれの世界経済はデフレ均衡だからこそ成り立っている。すなわち、この前提が崩れれば、債務に依存した世界経済は破綻しかねない。

そして、恐ろしいことにその前提が崩れる可能性を多くの人が警告している。過去四〇年間にわたって続いてきたデフレ均衡が終焉を迎え、今度は中長期的にインフレの時代がやってくるというのが彼らの予測だ。

余談だが、デフレ均衡の恩恵を最も被ってきたのが、ここ日本である。「何をバカな。デフレが良いことのはずがない」と思うだろうが、莫大な日本の債務が今まで火を噴かなかったのは、デフレのおかげというほかない。確かに、給料が一向に上がらないデフレは決して良いこととは言えないが、もしインフレによって日本の金利が上昇したらと思うとゾッとする。

国際金融協会（ＩＩＦ）によると、日本の政府債務残高（対ＧＤＰ比）は二〇一九年九月末の二二七％から二〇二〇年九月末に二五七・二％まで跳ね上がった。ちなみに、すべてのセクター（家計、企業、政府、金融）の債務残高（対ＧＤＰ比）は二〇二〇年九月末時点で六三二・六％と、もはや目も当てられない状況となっている。日本経済には、インフレ（金利上昇）に対する耐性はまったくない。

日本経済は「失われた三〇年」で活気を失ったが、デフレのおかげで破局を迎えていないことも事実である。そういった意味で、「日本が最もデフレ均衡の恩恵を受けている」と表現したい。すなわち、デフレ均衡が崩れれば日本が最

先進国の債務は戦後の混乱期を超える？

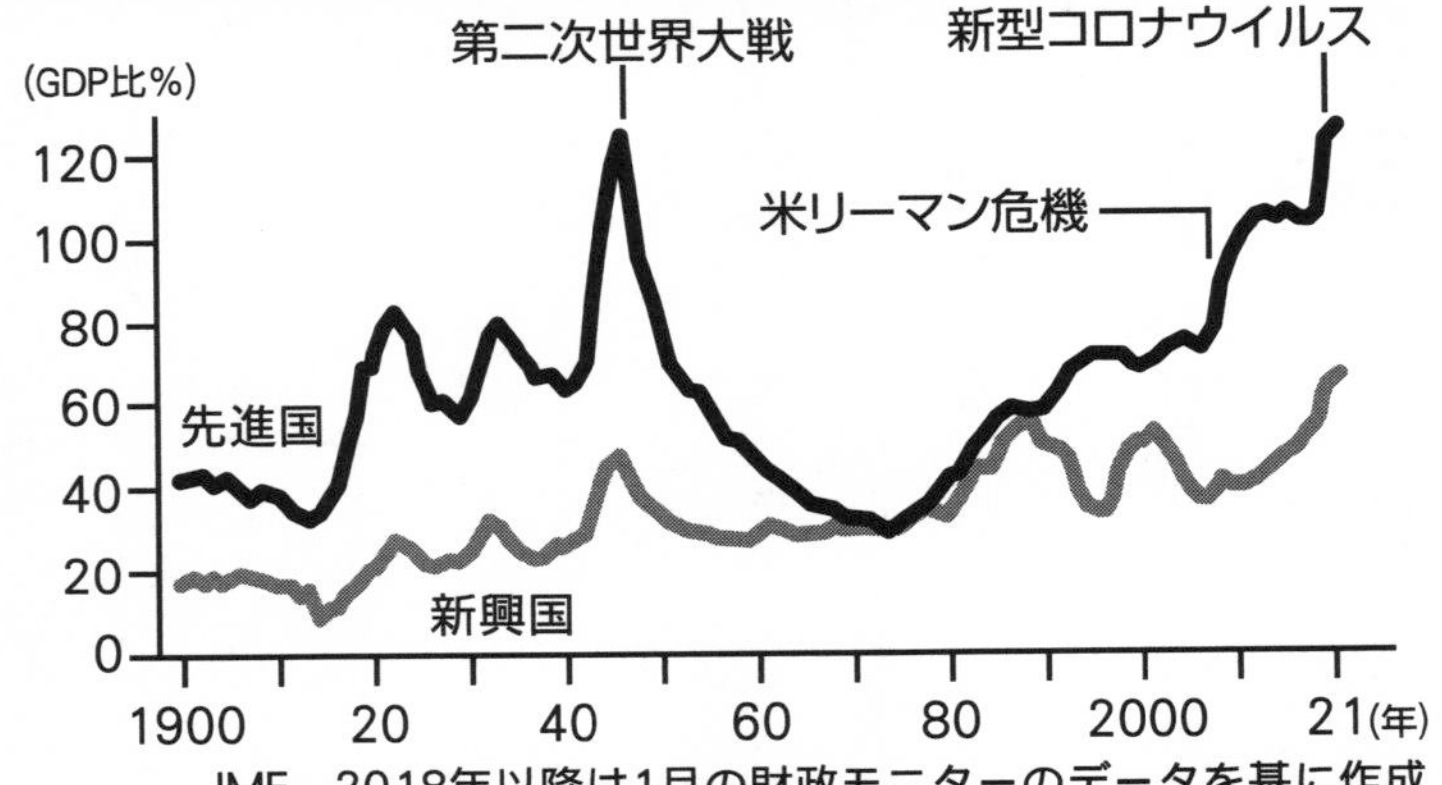

IMF、2018年以降は1月の財政モニターのデータを基に作成

日本の政府債務は突出している（2020年）

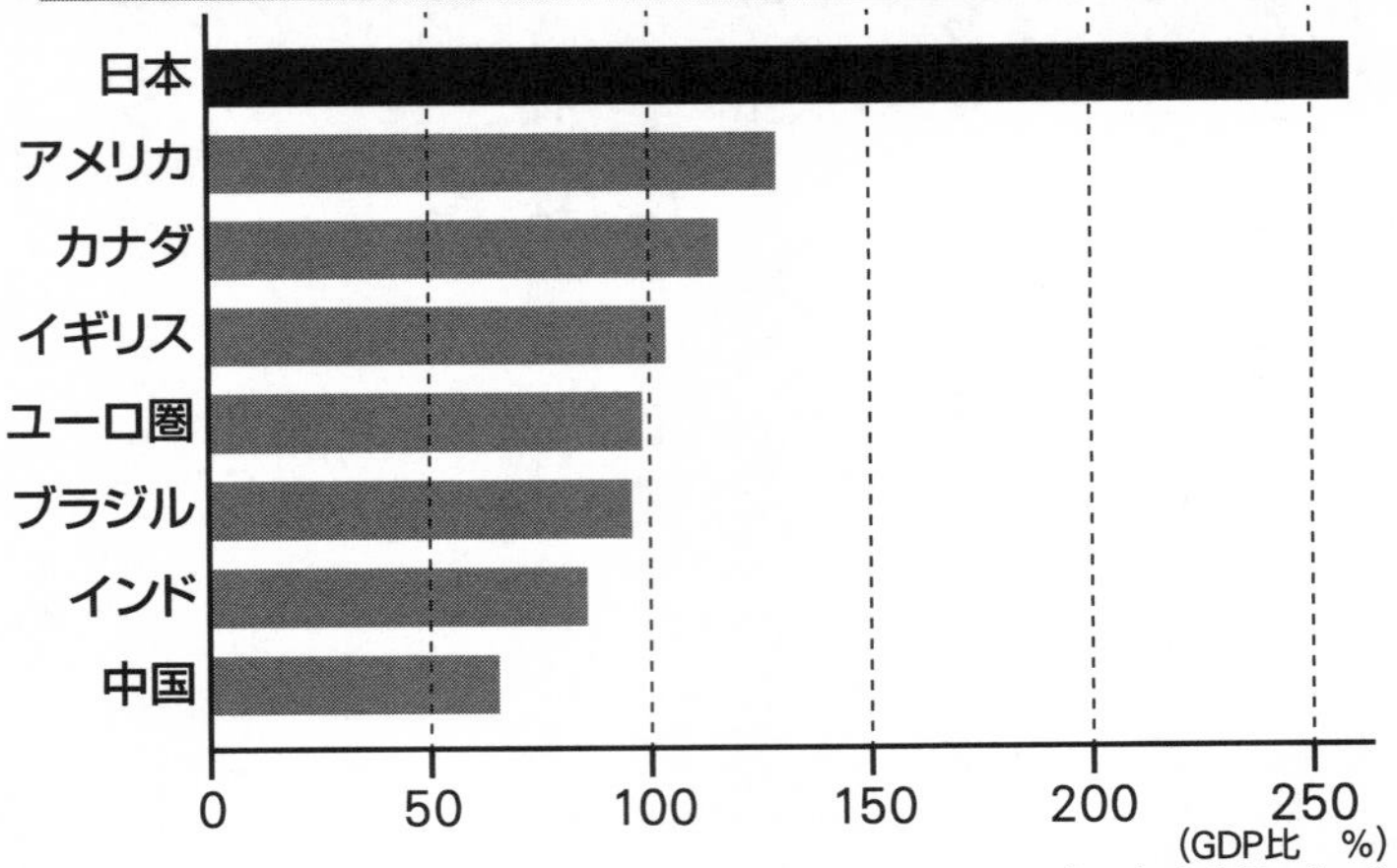

IMFのデータを基に作成

積み上がる公債残高　――普通国債残高

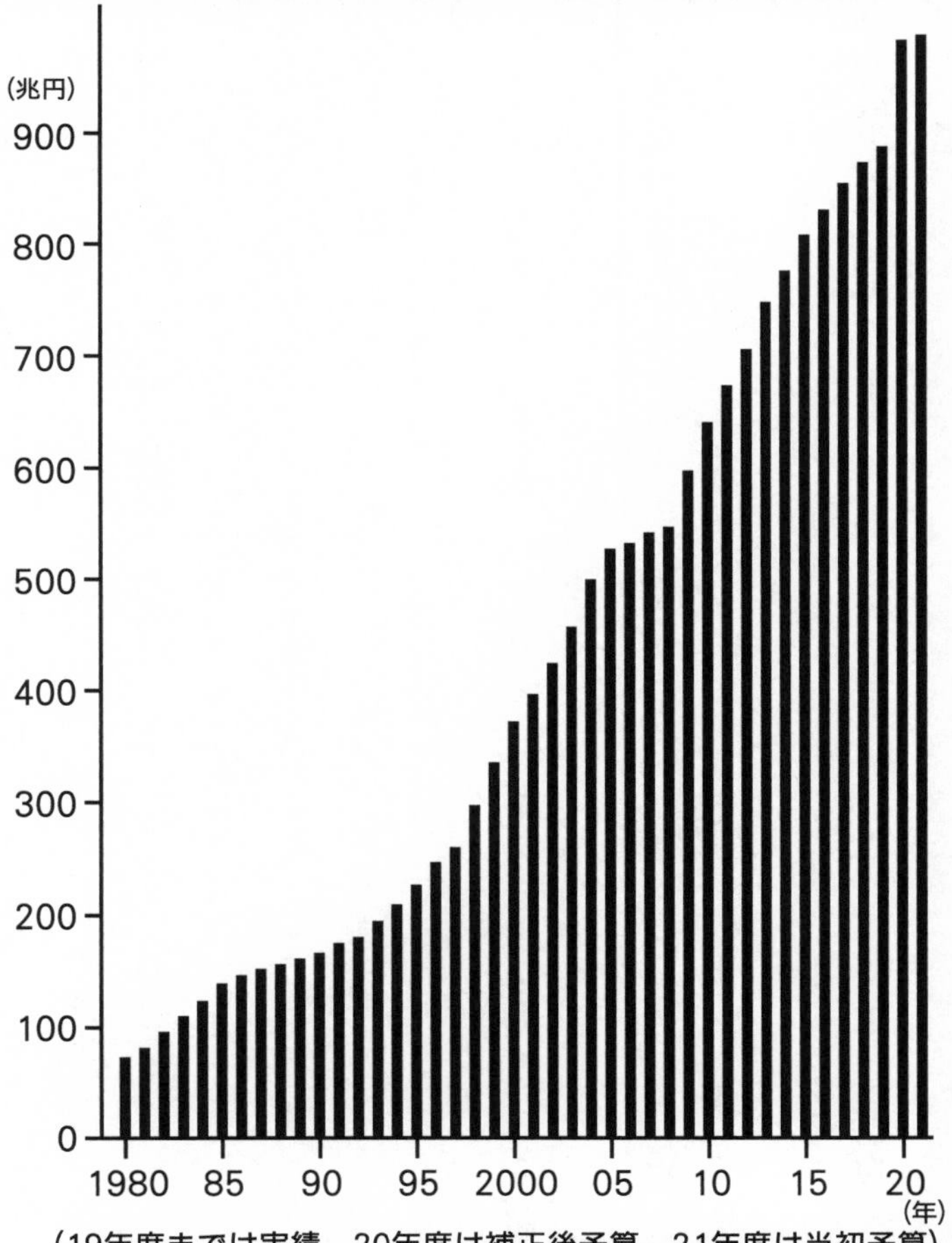

（19年度までは実績、20年度は補正後予算、21年度は当初予算）
財務省のデータを基に作成

も大きな被害を受ける可能性が高い。本当の〝地獄〟の登場だ。

ところで、なぜ一部の人はデフレ均衡の終焉（インフレの到来）を予想しているのだろうか。その一つが、金利の四〇年サイクルにある。

二五ページのチャートをご覧いただきたい。「世界の金利」と言われるアメリカの金利は、四〇年間を軸に大きく上下を繰り返していることがわかる。

一度目のピークは、一九一八年前後の四％強、そこから低下に転じ一九四三年前後に底を付け、一九六〇～七〇年代から今度は急上昇に転じ、一九八一～八二年にピークを付けた。そして、そこから歴史的なデフレ均衡（金利低下）の四〇年間が始まっている。

二〇一六年七月六日にアメリカの長期金利が「一・三二一％」を付け、そこから上昇に向かったため、一部の債券トレーダーは「インフレへの大転換だ」と結論付けた。しかし、一度は上昇に転じた金利は再び低下し始め、コロナショックの最中の二〇二〇年三月九日に「〇・四〇三％」という歴史的な二番底を付けている。

アメリカの長期金利サイクル

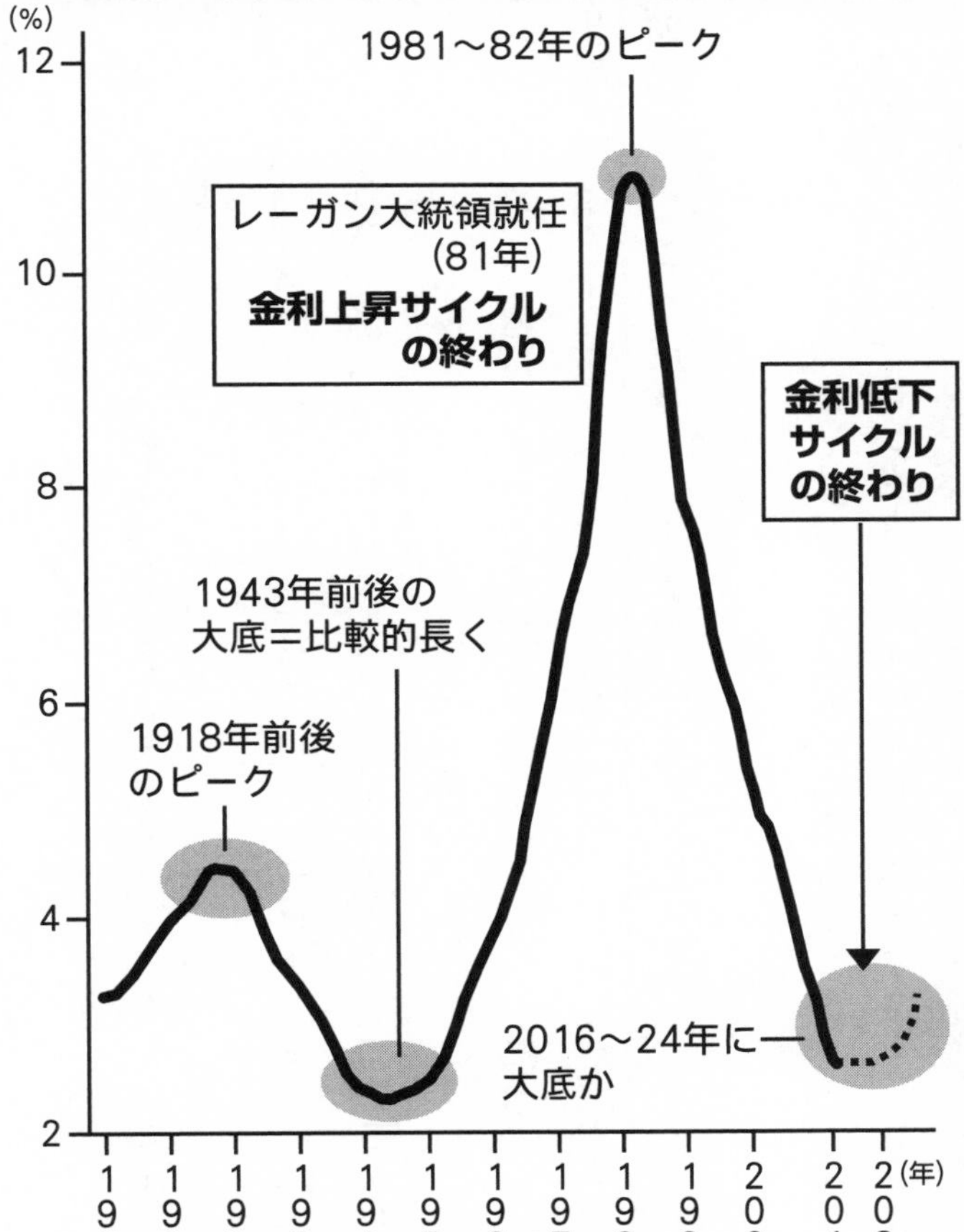

イェール大学ロバード・シラー教授、
三菱ＵＦＪモルガン・スタンレー証券のデータを基に作成

なぜ歴史的かというと、この「〇・四〇三％」が真の大底となる可能性が高いからだ。当然、金利低下のトレンドはこれからも続くという予想も多くある。中には、米国債のマイナス金利を予想する声もあり、そうした展開も完全に否定できるものではない。

しかし、後世の経済の教科書には「二〇二〇年のコロナショックが転換点となった」と記されるであろう。そして、こうも付け加えられている可能性が高い――「その後は一転して、インフレが猛威を振るった」と。

二〇二一年三月二〇日付のブルームバーグは「一九八一年に始まった米国債の強気相場が終了――ピークから二〇％余り下げる」と題した記事で、今が歴史的な節目だと報じた。以下、引用したい。

一九八一年に始まった米長期国債の強気相場が終わった。九八年のヘッジファンド、ロングターム・キャピタル・マネジメント（LTCM）経営破綻や二〇〇〇年代初めのドットコム・バブルとその崩壊、

世界的な金融危機、米国債格付けの最上位からの引き下げにも耐えた強気相場だが、新型コロナウイルス禍の影響には勝てなかった。

年限一〇年以上の米国債をカバーするブルームバーグ・バークレイズ米長期債トータル・リターン指数は二〇二〇年三月に付けたピークから二二％低下し、少なくともこの指数に基づけば弱気相場に入った。

同指数は一九八一年九月から二〇二〇年三月までに四五六二％上昇。この間、ピークから二〇％を超える調整は一度もなかったが、ついにその記録が今月打ち切られた。

ブラックロックのグローバル債券担当最高投資責任者（ＣＩＯ）、リック・リーダー氏は「われわれはまさに債券市場の歴史の節目に立ち会うところだ」とツイートした。

（ブルームバーグ二〇二一年三月二〇日付）

私が懇意にしているカギ足アナリストの川上明氏も、「今が金利の大底」とい

う分析に同意する。彼は、「この先に三番底が待っている可能性もなくはないが、大した問題ではない。今の私たちが（金利の）長期サイクルの大底圏にいることはまず間違いないだろう」とのコメントを寄せてくれた。

何度も繰り返すが、債務まみれの世界経済はデフレ均衡によって何とか成り立っている。すなわち、このトレンドが転換すれば、その限りではない。

〝四〇年ぶりのインフレ襲来〟に現実味

新型コロナウイルスのパンデミックは、当初世界的に大いなるデフレをもたらしたが、今では一転して急速にインフレ懸念が台頭している。

「今後一年以内に、過去四〇年で最も深刻なインフレ問題が発生する可能性が現実味を帯びている」（ウォール・ストリート・ジャーナル二〇二一年三月一一日付）――二〇二一年二月下旬、ローレンス・サマーズ元米財務長官はこのようにインフレの到来を警告した。アメリカでは、経済が落ち込んだ（デフレギャップ）以上の刺激策が講じられるという点を予想の根拠としている。

事実、アメリカでは過去に類を見ないほどの刺激策が講じられた結果、同国のＭ２（現金や預金に代表される広範なマネーサプライの指標）は、二〇二〇年に過去一五〇年間で最大の増加を示した。二〇二〇年末時点のそれは、一九兆二八九八億ドルと前年比で二四・九％増加している。まさに、〝マネーの大洪水〟とも呼ぶべき状態だ。アメリカのほかにもユーロ圏で一一％、イギリスで一四・九％、日本で九・二％、中国で一〇％、韓国で九・八％とそれぞれ増加（いずれも対前年比）している。

アメリカは一九七〇年代にもＭ２の大規模な増加を経験しているが、その当時はスタグフレーション（不況下のインフレ）が襲った。それでも当時の増加幅は、今回の半分ほどの規模であったという。当時と違って、現在は構造的なデフレ圧力が世界的に横たわっているため、インフレは起こらないとの見方も少なくない。実際、リーマン・ショック後にもお金の増刷からインフレ懸念が台頭したが杞憂に終わっている。しかし、今回は多くの点で違っている可能性が高い。何より、金利の四〇年サイクルの終盤に位置しているのだ。

また、リーマン・ショック時と今回の最大の違いは、「実際に現金が配られている」という点だ。さらに、低金利を理由に多くの国で財政赤字に歯止めが利かなくなっていることも、大きな懸念材料となっている。

「今までがデフレだったから今後もそうだ」という論調には、まったく根拠がない。実は、一九七〇年代にも長らく続いたデフレの後に突如としてインフレが猛威を振るっている。

近代の経済学をもってしても、インフレ発生のメカニズムについてはいまだに不明な点が多く、「インフレが死に絶えた」と結論付けるのは危険だ。前述したように、金利の長期サイクル的にも今が転換点である可能性が高い。少なくとも歴史を参考にすると、M２が大規模に増加した際は、一定の時間差でインフレに見舞われていることがほとんどだ。

二〇二一年三月二五日の米ウォール・ストリート・ジャーナルは「七〇年代のインフレ想起させる米経済の現状」と題した寄稿を掲載。筆者のウィリアム・ウォーカー氏（元外交官。一九七二〜七四年まで米連邦政府の「生活費評議会」の法律顧問兼副長官を務めた）は、「（七〇年代）当時の状況は、単なる不都合な状態などではなく、破滅的と言えるものだった」（同前）とした上で、コモディティ（商品）価格の上昇、長く続けられた低金利政策、供給面での制約、予想される需要増といった当時との類似点を列挙。そして、「専門家たちは、年間のインフレ率はわずか約二％の伸びにとどまるだろうと述べてわれわれを改めて安心させる。彼らが正しいことを期待するが、需要が供給よりも急速に増加すれば、物価は上昇しがちである」（同前）とし、「インフレは今のところ、抑制されているかもしれない。しかし、需要過剰、供給抑制状態の経済にインフレが攻撃を仕掛けることになれば、悲惨な状況となり得る。インフレを抑制する容易な、または苦痛を伴わない方法はないことを、歴史は教えている」（同前）と断じた。

この本を書いている直近のアメリカでは、二〇二一年四月期のＣＰＩ（消費者物価指数、季節調整済み）が市場予想を大きく上回る前年比四・二％増を付けてインフレ懸念が改めて意識されるという展開となっている。同時期のＰＰＩ（生産者物価指数。小売りではなく卸売物価）も前年同期比六・二％増と統計開始以降で最高を記録し、インフレ懸念に一層の拍車をかけた。

最大の焦点は、これ（インフレ率の上昇）が持続するか否かにある。私は、決して一時的な現象ではないと踏んでいる。この本は二〇二一年七月下旬には書店に並ぶ予定だが、おそらくその時点でもインフレ率の上昇が世界的なニュースになっていると予想する。

一方で、直近のインフレ率の上昇があくまでも「一過性」だと楽観視する向きも多くいる。ＦＲＢ（米連邦準備制度理事会）がその代表例だ。

彼ら楽観派の根拠は、「ベース効果」と呼ばれるものにある。ベース効果とは、コロナショックなどの特殊要因（今回はパンデミックによるデフレ）との比較では、「前年同期比」でどうしても大きな上昇率が出てしまうというものだ。

また、二〇二一年四月期の米ＣＰＩ（消費者物価指数）の中身を見ると、「中古自動車」の価格上昇などが大きく寄与しており、このようなトレンドはあく

主要国の消費者物価指数（CPI）

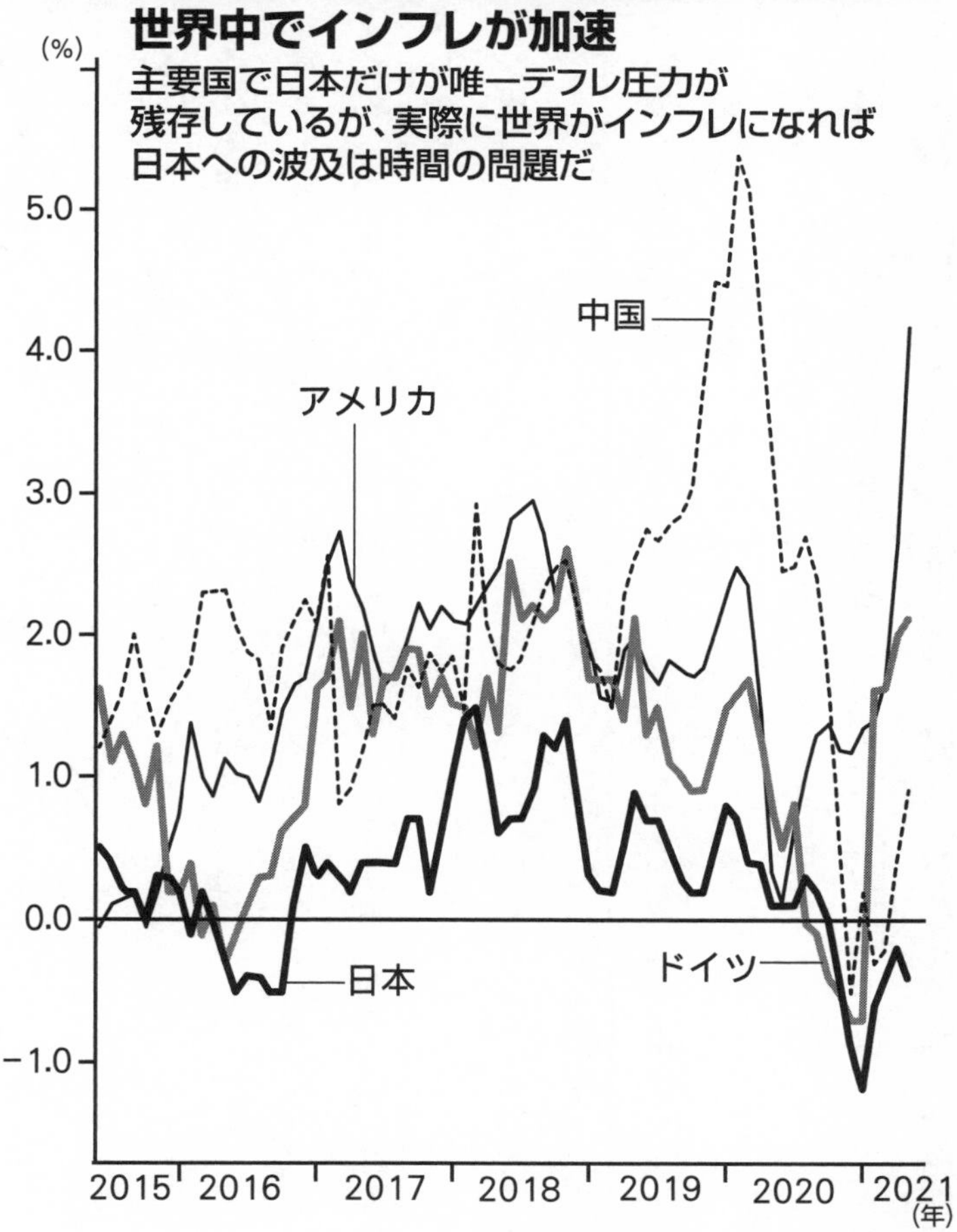

ブルームバーグのデータを基に作成

までも一時的なものにすぎず、決して長続きしないと彼らは考えている。

彼らの言い分にも一理ある。一方で、「M2（預金や現金など世の中に出回るお金）の急増」「供給制約」「需要増」という「インフレ（懸念）の三拍子」が揃っているのも事実であり、「一過性」だと片付けるのは早計だ。

繰り返すが、現代の経済学をもってしても、インフレ発生のメカニズムについてはよくわかっていない。だが、歴史的にも三拍子が揃った際は、往々にしてインフレが起こっている。

ベテラン投資家のマーク・モビアス氏は、二〇二一年五月一一日付のブルームバーグで、「新型コロナウイルス禍への対応で記録的規模の流動性が供給された後のインフレの持続性について、世界の大手運用会社が過小評価している可能性」について警鐘を鳴らした。

また、新債券王の異名を持つ米ダブルライン・キャピタルのジェフリー・ガンドラック最高経営責任者（CEO）も、二〇二一年四月二七日ブルームバーグのインタビューに対して、「彼ら（米金融当局者）がなぜそれを一過性だと知っているのか、私にはよく分からない」と発言。「大量の紙幣増刷が続いていて、商品価格がかなり大幅に上昇している局面で、彼らはどうやってそれを分かるのだろうか」と皮肉を交えながら疑問を呈した。

インフレが一過性のものか持続的なものかを判断するには、まだ時間がかかるが私はこれが一過性で終わることはないと見ている。そして繰り返しになるが、インフレは大惨事の号砲となる可能性が高い。累積債務残高の多さから、主要国の中央銀行には〝利上げ〟というインフレ退治の手段が残されていないためだ。脆弱《ぜいじゃく》な国では、インフレがスパイラル的に進行する恐れがある。

一九七〇年代の醜悪なインフレと対峙したポール・ボルカー元ＦＲＢ議長は、「インフレ退治には手段を選ばず」という姿勢を貫き、企業や家計を犠牲にしてまで利上げを実行した。ボルカー氏はＦＲＢ議長に就任した直後の一九七九年一〇月、米経済を苦しめていた高インフレに対応するため、公定歩合を過去最高の一二％に引き上げている。その際に議長が言い放った、「今すぐ金利を限界まで引き上げろ」というセリフは、良くも悪くも経済史に残る名言として記憶されている。これを受けて最優遇貸出金利であるプライムレートは、一九八一年五月までに過去最高の二〇・五％に達した。

当然、金利の上昇は経済に深刻な打撃をおよぼす。米国の失業率は二桁台に上昇し、株価も低迷。しかし、その後の一九八〇―八三年の期間にインフレ率は約一五％から三％未満に沈静化した。インフレ封じのための引き締め政策は、議員らの反発を招いただけでなく各地で大規模なデモが散発するなど、今でも深刻な社会問題であったと記憶されている。

では、アメリカをまた（一時的なものではなく）真正のインフレが襲った場合、ＦＲＢは今度も利上げでインフレを退治するだろうか？　ほとんどの市場関係者は、当時と今では債務残高の規模が違いすぎるため、「今のＦＲＢはボルカー氏の姿勢を真似することはできない」といった見方をしている。

もし、利上げできないということになれば、ドルは趨勢的に安くなって行く可能性が高い。そのため、「ＦＲＢが利上げなどできるものか」と考えている人のほとんどは、米ドルの先行きにも悲観的だ。中には、「米ドル暴落論」を唱える人もいる。

しかし、恐らくそうした心配は無用だ。実際にインフレ襲来となれば、FRBは利上げを実行するだろう。彼らが趨勢的な米ドルの下落を放置することは、まず考えられない。

それはなぜか。理由は簡単で、趨勢的な米ドルの下落を放置すればアメリカが持つ最大の特権とも言える「基軸通貨」という信頼が大いに揺らぐためである。最悪の場合、中国の人民元などにその座を奪われることにもなりかねない。

自国通貨建てで国外から借金できることや、容易に金融制裁を発動できるなど、基軸通貨の持つ特権は極めて絶大なものだ。アメリカがそれをやすやすと手放すことはあり得ず、実体経済が落ち込もうともアメリカは最終的に高金利（ドル高）を受け入れる。これは、賭けてもいい。

私が見る限り、市場関係者のほとんどはアメリカの将来像として「低インフレ、低金利、ドル安」を思い描いている。しかし、私が予想するのは「高インフレ、高金利、ドル高」というまったく逆の展開だ。だからこそ、私は口うるさく「米ドルを持ちなさい」と言っている。

債務残高の多さや相対的な国力の低下など加味すれば、危険なのは日本の方だ。日本は、主要国で最も金利上昇に対する耐性を持ち合わせていない。金利が上がれば、あっという間に破局を迎えるだろう。

これも賭けてもいいが、日本こそ絶対に利上げができない。すなわち、インフレ襲来によって世界的に金利上昇圧力が高まった際に最も困るのは、日本である。良くも悪くもデフレ均衡で成り立っている日本経済がインフレに転換するというシナリオは、政府や日銀にとってまさに悪夢の展開だ。

政府・日銀は一体となってインフレ目標を採用しているため、「当局はむしろインフレを望んでいるのでは?」と思うかもしれないが、実際にインフレがくるとなると、日銀は究極のジレンマに陥ってしまう。利上げによる債務への打撃を受け入れてインフレを退治するか、それとも物価の安定を放置して債務への打撃を抑えるか、という究極の二択を迫られるのだ。

結論からすると、日銀は後者を選択するだろう。「中央銀行は政府から独立した存在」というのはあくまでも建前であり、日銀は政府債務が〝発散〟に向かう状況を良しとしないはずだ。

日銀が後者を選んだとすると、確実に為替レートの劇的な切り下げ（悪い円安）が起こる。それゆえ、日本の国家破産は、「円安」がその合図となる可能性が極めて高い。

日本国破産＝「恐ろしいほどの円安」

「わが国の場合、今後、もっとも懸念されるのは外国為替相場の動向だ。何よりもまず、財政事情が世界最悪と極端に悪い。加えて日銀が国債やＥＴＦ等を古今東西他におよそ例がないほどの規模で買い入れ、恐ろしいまでのリスクを抱え込んでいる。この先、何らかの契機でそうした問題点があらわになれば、円があっという間に〝通貨の信認〟を失い、大幅な円安が進展して、国内債務調整が差し迫っていることを察知した富裕層や企業による国内からの大規模な資金流出が発生しかねない」（プレジデントオンライン二〇二〇年一二月七日付）――かねてから日本の財政問題に警鐘を鳴らしてきた日本総合研究所調査部主席研究員の河村小百合氏は、『「日本はもっと借金しろ」そんなMMT理論の危険な落とし穴』と題した記事で、日本円の行く末を案じた。

少し難しい話になるが、「国の借金」にはいくつかの種類がある。大雑把に言うと、「海外からの借金に頼っている国」と「海外からの借金に頼らずにすむ国」に分類できるが、ほとんどの国は前者だ。米国、英国、カナダ、オーストラリア、ニュージーランドといった先進国でさえも、海外からの借金に依存している。新興国などは、例外なくそうだ。

反対に「海外からの借金に頼らずにすむ国」は、極めて少数派となっている。代表例は、日本や中国だ。こうした国々を、「対内債務国」という。

対内債務国をきちんと説明すると、たとえば政府債務の場合、政府にお金を貸している債権者は国内にいる日本人で、その債権者は自国通貨（日本円）でお金を政府に貸している。これが「対外債務国」（海外からの借金に頼っている国）となると、置かれた状況は正反対だ。債務者は海外だから、債権者が貸し出す通貨は基本的に米ドルとなる。

読者の皆さんの中にも、「日本のような対内債務国がデフォルト（債務不履行）することはあり得ない」という話を聞いたことがあるはずだ。このような言説は、巷にあふれ返っている。こうした言説の根拠は至って単純で、「自国通貨はいくらでも発行できるから」というものだ。

たとえば、債務者である日本政府がお金を返そうとする際、極端に言うと政府は日本円を発行して返済に充てればよい。そのため、対内債務国のデフォルトはあり得ないという言説は、一見正しいように見える。

しかし、こうした言説には〝そもそも論〟として首をかしげることがたくさんある。まず、対内債務国か対外債務国かに関係なく、主権国家であればどの国でも自国通貨をいくらでも発行できるし、自国通貨を好きなだけ発行して国の運営にかかる経費を賄ってしまうことが可能だ。仮にそうだとすれば、すべての主権国家はそもそも借金なんてする必要はなく、税も徴収せずにすみ、足りなくなったら通貨を発行すればよい。そう、〝無税国家〟という概念が成立する。まさに夢のような話だ。

ところが、歴史的に無税国家が誕生したことはない。なぜ、無税国家は成立しないのか。それは、〝通貨（国家）の信認〟と深く関係している。話題の「MMT」（現代金融理論）といった、「いくらでも借金して問題ない」という言説の多くは、通貨の信認というごく基本的な部分を無視して展開されていることがほとんどだ。

デフォルトではなく、〝通貨の信認が毀損《きそん》すること〟を国家破産だと定義すれば、歴史上、対外債務国と対内債務国を問わず何度も起きている。そして、この〝通貨安〟ほど恐ろしいものはない。

恐ろしいことに、日本はそうした局面に向かって突き進んでいると言える。そしてこの先、日本円の信認が問われることになるであろう最大のイベントは、インフレ（金利上昇）だ。

前述したように、今は四〇年ぶりにデフレとインフレのトレンドが反転する局面に位置している可能性が高い。もし、インフレが現実のものとなったら、日本にも確実に金利上昇圧力がおよぶだろう。

まさにその時が、日本のターニングポイントだ。もし、あまりの債務残高の多さに日銀が利上げを躊躇《ちゅうちょ》すれば、一気に日本円の信認が崩れ去るだろう。政府の圧力によって日銀が躊躇したのであれば尚更だ。

経済の教科書には「フィスカルドミナンス」として記載されている、中央銀行の財政従属（政府からの圧力や政府への忖度によって、本来とるべき行動を躊躇したり、政府に都合の良い政策を実行すること）は、歴史的にも多くの場合で高インフレの原因となっている。

米著名投資家のウォーレン・バフェット氏は、「潮《しお》が引いた時、初めて誰が裸で泳いでいたかがわかる」と言った。潮を「デフレ」に置き換えれば、裸で泳いでいたのは「日本」であったということがはっきりするだろう。

繰り返しになるが、高レバレッジ（債務まみれ）の日本経済は「デフレ均衡」によって成り立っており、インフレによる金利上昇圧力に耐えられる見込みはない。仮にインフレがやってくれれば、日銀は政府を困らせないために、物価上昇(円安)を放置するだろう。まさしくその時こそが、日本が破産した瞬間というわけだ。

日本円が一ドル=一二〇円くらいになったとしても誰も驚かないだろうが、おそらく一四〇~一六〇円のレンジに突入した頃には「ちょっと、ヤバいな」という人が増え始め、一六〇円を超えてくると「本当にマズい」との雰囲気が蔓延して、深刻なキャピタル・フライト(資本逃避)が起こるだろう。

利上げ以外に円安を止める方法は、固定相場制の導入か外国送金禁止といった資本規制くらいだ。そのため、日本は為替レートを安定させるために、利上げではなく資本規制を実行すると考えられる。そして、その後は大増税の嵐だ。

四〇年来のデフレトレンドが反転する可能性が高まっている以上、二〇二〇年代は日本の財政危機に起因した円安に最大限の警戒が必要となる。本章で説明してきたシナリオは、二〇二六年までには実現してしまう可能性が高い。今すぐにでも、対策を講じるべきである。

第二章　日本の借金は限界を超えた!?

仕事がないなら、公共投資でピラミッドを作ればよい。
炭鉱労働者が失業した？
では、炭鉱にポンド紙幣を埋めて、それを掘り出させればよい。

（ケインズ）

新規国債発行額一一二兆円の衝撃

まず、四九ページのグラフをご覧いただきたい。わが国の一般会計の歳出と国債発行額の長期推移グラフだ。一目瞭然だが、令和二年度（二〇二〇年度）の異常ぶりは目を覆わんばかりだ。一般会計（一年間に政府が使う総額）はこ二〇年ほどほぼ一〇〇兆円で推移してきたが、一気に一七五兆円を超えた。新規の国債発行額も一一二兆円を超えた。

この国債発行額の棒グラフを見て、読者の中には「アベノミクスで国の借金は減っていたのか」と勘違いする人もいるかもしれないが、そうではない。この棒グラフは「新規の国債発行額」であって、毎年これだけの額（三五～五〇兆円くらい）が新たな借金として積み上がってきているのだ。

そこに今回、新型コロナ対策費に充てるための借金が、一気にドーンと一一二兆円も乗っかってしまった。

国際通貨基金協会（ＩＭＦ）によれば、日本の政府債務残高の対ＧＤＰ比は、二〇一九年の二三四・六％から二〇二〇年にはわずか一年で二五八・七％にまで跳ね上がっている。私がいつも説明に使う五〇～五一ページのグラフで明らかなように、わが国の政府債務残高は元々世界最悪の水準だったが、今回の新型コロナ対策によってさらに破滅的な水準に達してしまった。

これはもう、限界を超えたと言ってしまってよい次元だ。歴史を遡《さかのぼ》ってみると、第二次世界大戦直後の一九四六年にイギリスで二六九％という記録がある。しかし、これは戦時だ。イギリスもあの戦争に莫大な戦費を費やしたから、こんなトンデモナイ数字を記録してしまったわけだが、平時においてこんなトンデモナイ借金記録を樹立した国家はない。

わが国の数字では、一九四四年（昭和一九年）の二〇四％がこれまでの過去最悪値で、言うまでもなくこの主因はイギリスと同様、戦費だ。翌年の一九四五年（昭和二〇年）は敗戦の年で、ＧＮＰ統計はない（当時は国民総生産ＧＮＰであった）。だから、政府債務のＧＮＰ比はわからないが、政府債務が一段と

一般会計税収、歳出総額、公債発行額の推移

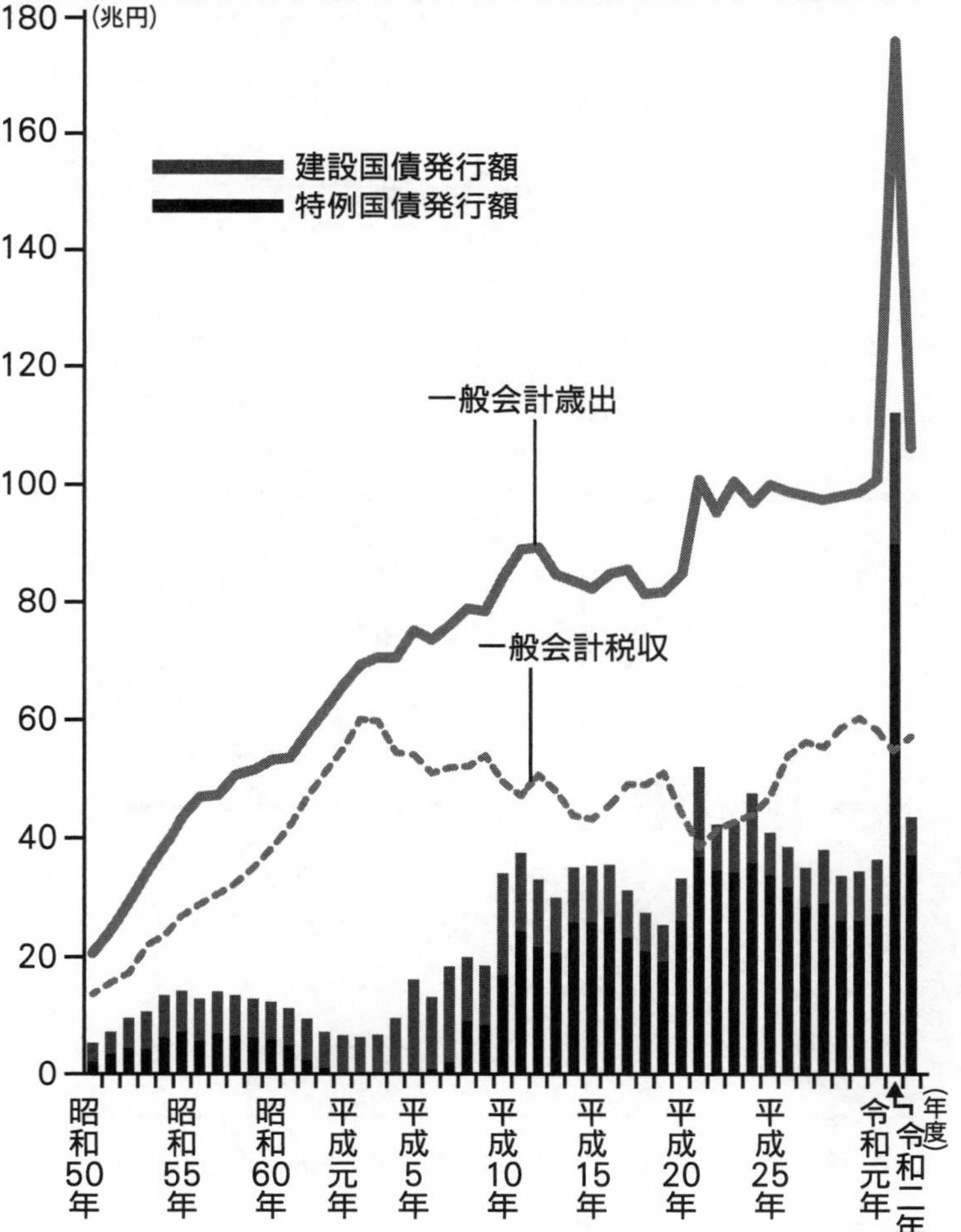

財務省のデータを基に作成

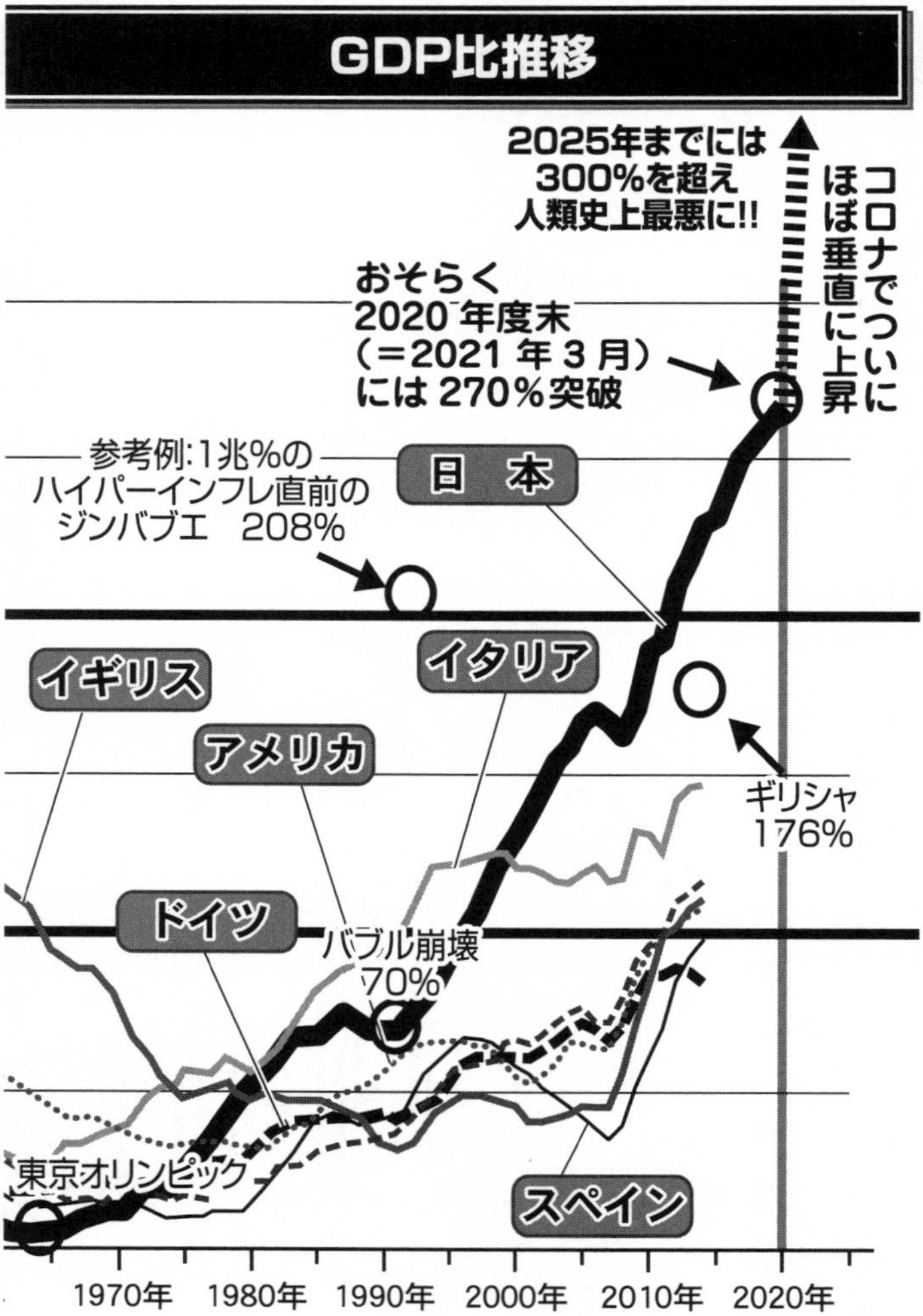
GDP比推移
2025年までには
300%を超え
人類史上最悪に!!
コロナでついに
ほぼ垂直に上昇
おそらく
2020年度末
(=2021年3月)
には270%突破
参考例:1兆%の
ハイパーインフレ直前の
ジンバブエ　208%
日　本
イギリス
イタリア
アメリカ
ギリシャ
176%
ドイツ
バブル崩壊
70%
東京オリンピック
スペイン
1970年
1980年
1990年
2000年
2010年
2020年
IMFのデータを基に作成

日本と主要国の債務残高

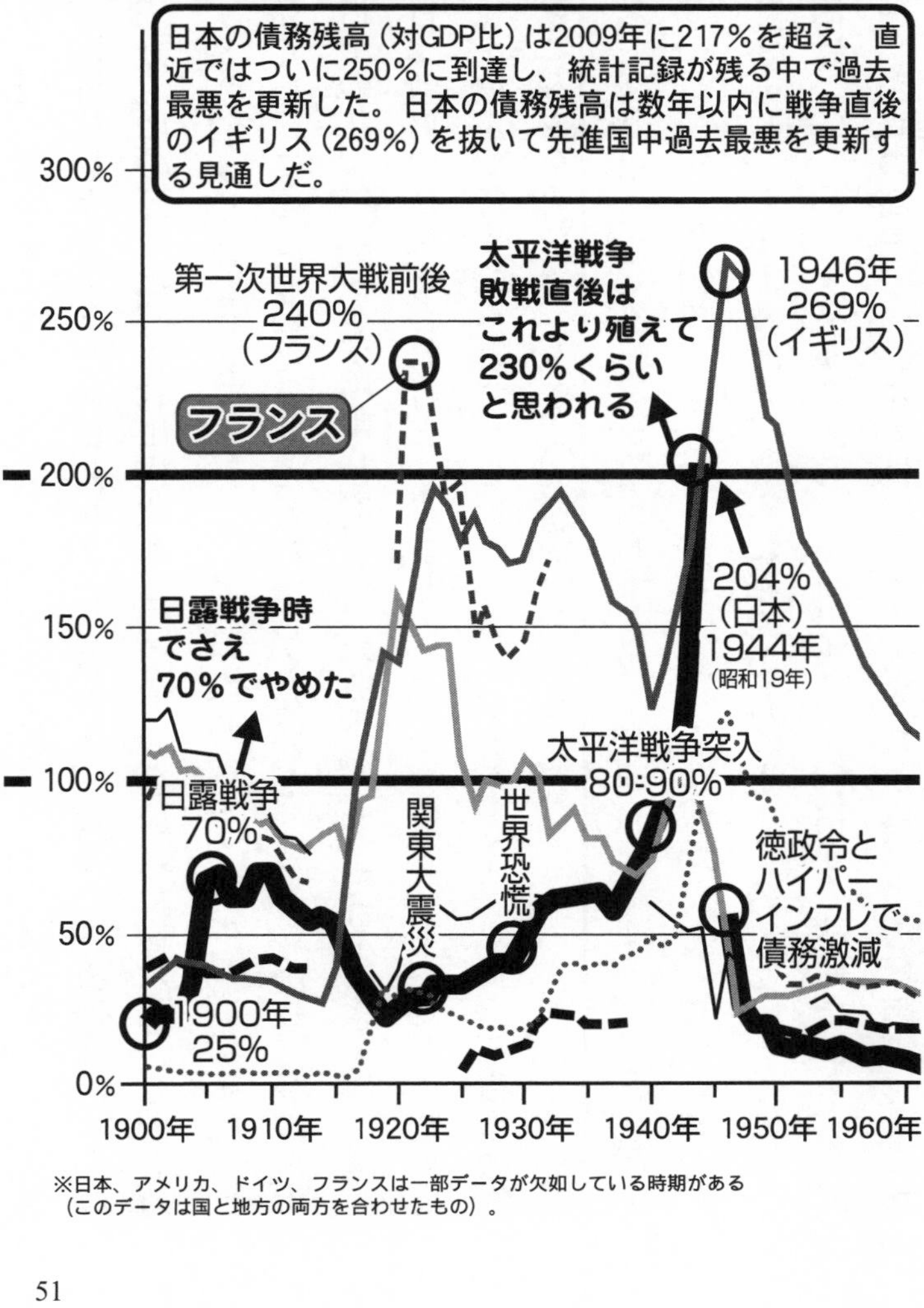

※日本、アメリカ、ドイツ、フランスは一部データが欠如している時期がある
（このデータは国と地方の両方を合わせたもの）。

膨らんだことは間違いない。なぜなら、引揚げに莫大な費用がかかったからだ。終戦時、国外にいた軍人・軍属は陸軍が三〇八万人、海軍が四五万人、合わせて三五三万人にのぼった。これに民間人三〇〇万人を加えた約六五〇万人もの在外邦人を、日本国内に引揚げさせなければならなかったのだ。借金比率は、二五〇%くらいに達していたと考えておかしくないだろう。しかし、今の日本政府の借金の状況は、こんな極限状態にあった敗戦時よりもひどいのだ。

この日本政府の借金がどれほどすさまじいものかを実感していただくために、一万円札を積んで行ったらどれくらいの高さになるか考えてみよう。借金の額は、端数は大きく切り捨てて一〇〇〇兆円とする。

まず、一万円札一〇〇枚＝一〇〇万円を一センチと仮定しよう。一〇〇〇万円で一〇センチ、一億円で一〇〇センチ＝一メートル。なんと、この段階でもう一メートルに達してしまった。さらに積んで行くと、その一〇〇〇倍の一〇〇〇億円は一〇〇〇メートルだから一キロ。この一〇倍が一兆円だから、一兆円だと一〇キロの高さ。一〇キロは一万メートルだから、この段階でエベレストの八八四八メートルを超える。わが国の借金の額は、その一〇〇〇〇倍の一〇〇〇兆円。ということは、一万円札を積み上げて行くと地上から一万キロメートルの高さにまで到達する。宇宙航空研究開発機構（ＪＡＸＡ）によれば「一般的には高度一〇〇キロメートルから先を宇宙としています」とのことだから、わが国の借金を積み上げて行くと完全に宇宙空間に突入していることになる。さらに言えば、今回の新型コロナ対策のために新たに積み上げてしまった借金＝一一二兆円だけでも、十分宇宙空間に突入してしまうほどの額なのだ。

時短・休業の協力金……都道府県が行なったツケは国に回される

しかも、借金の仕方がいつもながら非常に悪質だ。詳しくは後述するが、わが国の借金の膨張が止まらないのは、社会保障関係費の膨張が止まらないからだ。社会保障関係費とは、つまるところ国民へのばら撒きだ。

社会保障関係の給付、あるいは医療や保育の無償化といったようなものは、当然やればやるほどウケがいい。票になる。しかし、後先考えずにウケ狙いに突き進んできた結果が、世界一の借金大国なのだ。今回の新型コロナ対策でも、そのばら撒き姿勢は変わらない。

たとえば、飲食店への時短協力金で考えてみよう。連日、マスメディアでは飲食店の苦境を伝えているから、国民の多くは「それは当然」と思っているのではないだろうか。もちろん、何らかの措置は必要だろう。しかし、その財政面からの実態を知れば、そう簡単に「出せ、出せ」とは言えないのである。

二〇二一年三月一二日付日本経済新聞は「時短協力金、政府が丸抱え、自治体の負担二割→ほぼゼロ、必要以上の要請懸念」と題して、次のように伝えた。

営業時間の短縮に応じる飲食店に都道府県が出す協力金を巡り、最大の場合、政府がほぼ全額を負担する仕組みに変えたことが分かった。新型コロナウイルス対策で地方自治体の財政が厳しくなったことに配慮し、自治体が二割を負担してきたのを改める。ただ知事の判断で実

施する事業を国のお金で賄う形になり、必要以上の休業や時短要請が出る可能性もある。（中略）

国は地方の負担を減らすことで協力金の支給を後押しする。ただ、飲食店などに休業や時短営業の協力を求める特別措置法上の権限は都道府県知事にある一方、財源の実質負担は国という「ねじれ」の状態になる。知事は自治体の財政をほとんど考慮せずに要請しやすくなる。地域医療に責任を持つ都道府県が、感染防止を重視して必要以上に休業や時短を要請する可能性もある。

事業者への協力金はもともと知事の要請に応じる店舗を増やそうと自治体が独自に始めたものだ。東京都が二〇年春の緊急事態宣言の際に最大一〇〇万円を支給し、他の道府県も追随した。当時、国は際限なく財政支出が広がる「補償」につながりかねないとして、どちらかといえば協力金には慎重だった。

政府が協力金の八割負担を制度化したのは二〇年一一月になってか

らだ。経済を止めずに感染を防止するには、地域を限定した飲食店の時短営業が効果的だと判断したためだ。ただ、国の関与としては都道府県の取り組みを財政支援で間接的に誘導する形にとどまった。

協力金の単価は当初一店舗あたり一日二万円だった。一二月に四万円、さらに二一年一月の緊急事態宣言の対象地域は六万円と、徐々に引き上げられてきた。一六年経済センサス調査をもとにした推計によると、六万円の場合、中小・零細事業者を中心に飲食店の七割程度で収支がプラスになる。

時短協力金の予算は二〇年一一月時点では五〇〇億円を想定していた。その後、単価の引き上げと対象地域拡大を受け、二兆円を超える追加支出を決めた。国が九九％以上を負担する形での協力金の利用が広がれば、財政支出がさらに膨らむ可能性がある。

（日本経済新聞二〇二一年三月一二日付）

こういう財政上の仕組み・からくりを、ほとんどの国民は知らない。都道府県知事は、感染が広がれば支持率に響くから感染防止は当然重視する。そうなれば、休業や時短営業の要請に走ることも大いにあり得る。そのための「協力金」を自らの自治体の懐を痛めることなくやれるのであれば、バンバン支給する方向に走っても何ら不思議はない。六万円支給すれば飲食店の七割がプラスになるのであれば、飲食店はウハウハ、支持率アップにつながって知事もウハウハ。そして、そのツケは全部、国に回されるのである。

こんなことを書いていたら二〇二一年五月一〇日、日経電子版でこんなニュースが流れてきた。「小池都知事、休業要請の協力金『国の責任で財源措置を』」というニュースだ。五月一〇日、東京都の小池百合子知事が全国知事会の会議にオンラインで参加し、緊急事態宣言の延長に伴う大型商業施設への休業要請を巡りこのように述べたというのだ。「協力金を支給する場合、従来の国の財政措置を大幅に下回る補助率が示された。国の責任で財源措置をすべきだ」。

小池氏は「国の責任」と言うが、政府は大規模施設の休業要請を時短要請へ緩和する方針に変更した（五月七日）わけで、百貨店・映画館など大規模施設への休業要請は都独自のもの。責任は、都にあるはずなのだが……。

新型コロナ対策では、毎日のように菅総理が「効果が見られない」「後手に回ったのではないか」という攻撃の矢面に立たされ、小池都知事をはじめとする都道府県知事たちは危機や非常事態を訴える側に回っている。

現場の危機感というのは、もちろん大切だ。各地域の細かい実情は、中央ではわからない。だから、都道府県知事が現場の実情を知り、危機感を持って新型コロナ対策に当たることはその観点では望ましい。

しかし、対策にはお金がかかる。それも莫大な額で、それは本来、対策を講じる当事者が手当てしなくてはならないはずのお金だ。まして、国の方針と違う独自の対策を行なうのであればなおさらだ。しかし、都道府県知事も国民も、あるいは新型コロナ対策を報じるマスメディアも、お金の負担のことは頭から吹っ飛んでいて、「国の責任で協力金・助成金を出すのは当たり前」という感覚になっている。そういう空気が、それこそ防止されず蔓延していて、しかも対策は必ず実行しなければならないのだから、やはり「負担は国」となるほかない。

こうして国民がよく理解しないうちに、国は最も安易な財布として使われ、そのための財源は、「赤字国債」ということで誰も何とも思わないのである。「赤字国債」は、正式には「特例国債」と言う。財政法では、公共事業費に充てるための建設国債以外の国債発行は原則として認められていないため、国が一般会計の歳入不足を補填する目的で国債を発行することはできない。しかし、やむを得ない場合は特例法を期限付きで成立させることで国債を発行することができるという決まりになっている。だから「特例国債」と言うのだが、今は特例でも何でもない。常態化している。

誰も国の借金返済について考えない、世界で唯一の無責任国家

こうして、安直に国を財布として使う流れに歯止めがかからない上に、国にツケを回した後の借金をどう返済して行くかという問題には、ほとんど誰も触

れようとしない。小池氏は今は都知事の立場だから、先の発言もやむを得ないとしよう。より問題なのは、「借金をどう返済して行くのか」という大問題に関して、国政レベルで真剣に考える人が皆無であることだ。

二〇二一年三月一〇日付ロイターは「焦点：宙に浮く『コロナ財源論』、多年度中立の復興モデルに遠く」と題して、そのデタラメな借金姿勢の問題点を指摘している。記事のリード部分は、こう始まる――「東日本大震災からの復興に向け、日本政府は復興債の償還財源を定め、早々に『多年度中立』の道筋をつけた。しかし、新型コロナ対策では財源の当てのない赤字国債頼みの調達が続き、財源論議そのものも始まる兆しはない。復興基金の創設や増税準備を始めた欧米に後れをとれば、日本の財政運営に厳しい視線が向けられそうだ」。

記事にある「多年度中立」とは、巨額の借金をしてしまう（国債を発行してしまう）場合、単年度では無理でも長期間（多年度）ではきちんと返済できる（国債償還できる）ように、償還財源の計画を立てるということだ。

東日本大震災の時は、政府は二〇一一年度一般会計予算で四度にわたる補正を編成したが、一二年度からは新設の東日本大震災復興特別会計での運用を始めた。一般会計から切り離すことで、複雑な資金の流れをわかりやすくするのと同時に、復興債を着実に償還する狙いからだ。予算規模は、三二兆円余り。復興債は、二五年間にわたる所得税の二・一％上乗せや政府保有株の売却益などで返済・償還する。東日本大震災の時は、しっかり考えられていたのだ。

しかし、コロナ禍の二〇年度一般会計予算では政府歳出が一七五兆円余りと当初想定を実に七三兆円上回り、二一年度予算案に計上した予備費五兆円を含めた新型コロナ関連の経費は七八兆円と、すでに東日本大震災予算の倍以上となっている。そして、その経費はほぼすべて赤字国債で調達し、その返済・償還については誰も何も考えていない。

先のロイターの記事は、この状況を「野放図な現状」と切り捨てる。記事にもあるように、欧州連合（ＥＵ）は二〇二〇年一二月の首脳会談で二七年までの中期予算（ＭＦＦ）と復興基金の創設で合意し、基金創設に向けた準備を始めた。アメリカは、一・九兆ドル（約二〇〇兆円）の大型経済対策を実行に移す一方で、バイデン氏が大統領選で掲げた法人税や遺産税、富裕層向けの増税案を推進する構えだ。

今まで経験したことのない、新型コロナウイルスという恐るべき敵との戦いだから、どの国も巨額の借金はせざるを得ない。しかしその一方で、アメリカもヨーロッパもちゃんと中長期での財政について考えているのだ。ただ「金出せ、金出せ」と叫ぶことしかせず、中長期の財政について誰も考えない愚かな国は、わが国のみなのである。

経済効果なし！——ウケ狙いの無意味なばら撒き

先に飲食店などの事業者への協力金について述べたが、次は一〇万円の定額給付金についてである。これを決めたのは菅政権の前の安倍政権であり、日々目まぐるしく状況が変化し新たな情報が次から次へと提供されるコロナ禍においてはもうずいぶん前のことのようにも思えるが、わずか一年前の話である。

この時のドタバタぶりを今一度、思い出してみよう。

政府は当初、全国民を対象とする一律一〇万円の定額給付金ではなく、約一三〇〇万の減収世帯を対象に三〇万円を支給することを閣議決定していた（四月七日）。しかし、決定直後からこの案に対して次々と逆風が襲いかかった。

まず、世論である。ＮＨＫが四月一〇日から三日間行なった世論調査では、この案を「大いに評価する」「ある程度評価する」が四三％であるのに対し、「あまり評価しない」「まったく評価しない」は合わせて五〇％に達した。

野党も、もちろん反対した。現金の一律給付は、野党が当初から主張していたことでもあった。国民民主党は三月中旬、一〇万円の一律給付を盛り込んだ経済対策をまとめたほか、立憲民主党なども四月二日の衆議院本会議で一律給付を行なうべきだと求めた。

自民党議員らからも、一律給付を求める声が強まった。四月一四日、自民党の二階幹事長はこう発言した。「一律一〇万円の現金給付を求める切実な声がある。できることは速やかに実行に移せるよう政府に強力に申し入れて行きたい」。

そして、決定打となったのは自民党と連立与党を組む公明党の猛反発であった。公明党は、収入が減少した世帯への三〇万円の給付は国民の評価が厳しく、それに代わる一律給付を早期に行なうべきだとして、補正予算案の見直しを求めた。補正予算案の審議日程などを協議する衆議院予算委員会の理事懇談会には参加しないと自民党に伝えるなど、一歩も引かない姿勢を見せた。公明党・山口代表は安倍首相に「合意が得られるまで、国会対策の協議には応じられない」と伝えた。結局、この公明党の強硬姿勢が決定打となって、一度閣議決定した補正予算案を変更するという前代未聞の決定がなされたのである。

この「全国民一律一〇万円の定額給付金」だが、国民からの評価はどうだったかというと、おおむね高く評価された。日経ビジネスの調査によれば、「一律一〇万円」の給付に賛成が六一％、反対が二四％、どちらでもないが一五％となったという。賛成が圧倒的である。

しかし、残念ながら私は評価できない。「一部の困った人が三〇万円もらえるのと、あなたも含めてみんなが一〇万円もらえるのと、どっちがいいですか?」

――要はこういう問いである。そりゃあ、自分も一〇万円もらえる方が支持を集めるだろう。全国民をもらえる対象にすれば、国民ウケはよい。結局、大衆迎合主義に流されただけの話である。全国民一律一〇万円の給付に必要な費用は一二兆八八〇三億円で、当初計上していた生活困窮世帯向け給付額の四兆二〇六億円よりも八兆八五九七億円も多い。当然、足りない分の財源は全額赤字国債の追加発行で賄う。結局、この国の政治は多くばら撒くことでどこからも文句が出ないようにするしか、収まりようがないのである。そして、この飽くことなきばら撒きは、実はやればやるほど経済的なマイナス効果を生じさせる。

二〇二一年五月一四日付ダイヤモンド・オンラインは、立正大学学長の吉川洋氏（元日本経済学会会長・東大名誉教授）ほか三名による記事「コロナ禍で拡大した財政赤字と過剰流動性、政府と日銀はツケの解消策を示せ」を掲載し、一〇万円の定額給付金について次のように述べている。「一人一〇万円の給付金は大部分が預貯金に回り、所期の成果を上げることができなかった。弱い消費の背景には、将来不安がある。とりわけ、社会保障制度への不安は、世論調査で常に挙げられるポイントである。今回コロナ禍の下で拡大した大幅な財政赤字は、こうした不安を潜在的にさらに高めることにつながりかねない」。

国民もバカではない。「国の借金はどんどん積み上がる一方で、少子高齢化はこれからますます加速する。将来の社会保障制度は、大丈夫なんだろうか。節約して貯蓄しよう」――こう考えて当然だ。ばら撒けばばら撒くほど、こういう国民の不安は膨らんで行くのだ。内閣府が発表する家計可処分所得・家計貯蓄率を見れば、このことがはっきりとわかる。

まず雇用者報酬（賃金）だが、二〇二〇年には二八二・五兆円が支払われている。前年の実績は二八六・九兆円なので、新型コロナによる賃金減少は実はそれほど大きくはない。次に可処分所得だが、二〇二〇年は三一六・二兆円。これは前年より一一兆円も増えている。この額は、一律給付金の総額一二兆円とほぼ見合っている。つまり、一律給付金のおかげでコロナ禍にありながら国民の可処分所得はむしろ増えたのだ。

しかし、このうち家計最終消費支出に回ったのは、前年比一八兆円も少ない二八〇・五兆円であり、結果として通年で三五・八兆円もの家計貯蓄が積み上がった計算となる。年間の家計貯蓄率は、前年の二・三%から一一・三%へと急上昇している。一律給付金は、使われずに預貯金に回った——先の吉川氏らの分析を見事に数字で裏付けていると言えよう。

かつて天才歌人・石川啄木はこう詠《うた》った。「はたらけどはたらけど猶《なお》わが生活《くらし》楽にならざりぢつと（じっと）手を見る」。これをもじれば、さしずめわが国の財政の現状はこんな感じではなかろうか。「ばら撒けどばら撒けど猶《なお》わが国民お金使は（わ）ずぢつと（じっと）金貯《た》む」。

本当にもう、こんなばら撒き政治はやめにしてほしいものだ。ばら撒いても消費には回らず、経済効果はないのである。国民は将来不安に備えて、貯蓄に走るばかり。甘言を弄《ろう》してばら撒きを続けるのではなく、きちんと国民に厳しい現状を説明し、その上で選択を問うべきである。

なお余談だが、実際の石川啄木は「はたらけどはたらけど」ではなかった。働かず、借金をしまくったあげくに踏み倒し、そのお金を色街で散財し、家族を顧みることもなかったという人物である。生活《くらし》を楽にするには、ちゃんと働いて「稼ぐに追いつく貧乏なし」ということわざを実践することだろう。

自らの政策で儲けゼロの国債を買いまくった日銀

ばら撒き衆愚政治がすっかり蔓延し、世界最悪の借金大国となってしまったわが国。しかも、財源の手当てや借金をどう返して行くのかは、誰も考えない国。一体この先、どうなるのだろうか?

さすがに、研究者の中からも恐ろしい事態を予測する指摘が出てきている。円安→インフレ→円安→インフレのスパイラル、年金一律何割カット……そんなコトが起こる可能性が高いと論じるのは、第一章でもご紹介した日本総合研究所調査部主席研究員の河村小百合氏だ。

なぜそんな事態に陥るのか? ——河村氏の説明を基にかみ砕いてお伝えしよう。日本がこんなに野放図な借金生活を送りながら、金利や為替といった面でほとんど何の変化もないのは、ひとえに黒田日銀の前例のない「異次元金融緩和」による。七一ページの表は、二〇二一年五月二〇日現在での日銀の貸借対照表だ。ポイントをわかりやすくお伝えするために、金額が大きくない科目は「その他」にまとめ、兆円未満は切り捨てて表記している。

こうして見ると、七二〇兆円におよぶ日銀の資産の大半は国債（五三六兆円）であり、負債の大半は当座預金（五二五兆円）であることがわかる。この当座預金とは、民間金融機関が日銀の中に設けている預金だ。だから、そのお金は民間金融機関のものであるから日銀にとっては負債となる。

ちなみに、発行銀行券とは、いわゆる「お札」だ。よく金融緩和のことを「日銀がお札を刷る」という言い方をするが、実は今のお札の量は当座預金残高に比べれば知れている。お札の量ではなくて、民間金融機関にお金を供給することで世の中に出回るお金の量を増やしているのだ。

これが、たとえば二〇〇〇年末にはどうだったかというと、発行銀行券が六三兆円、それに対する当座預金は、わずか六・八兆円にすぎなかった。

なお、「貸付金」というのは民間金融機関への貸付金で、これは二〇二〇年初めまでは三〇～四〇兆円台で推移していたが、コロナ禍で中小企業資金繰り支援のため金融機関への資金供給が大幅に増え、急増している。

また、資産の側の「上場投資信託」（ＥＴＦ）は、国債増と同じくこれも異次元金融緩和による産物で、当初は目標年一兆円増だったものが三兆円増に増え、六兆円増に増え、二〇二〇年三月一六日の金融政策決定会合ではついに「年間約一二兆円に相当する残高増加ペースを上限に、積極的な買入れを行なう」となった。中央銀行（日銀）の力で株の底上げを図るという、世界のどこの中央銀行も行なっていない異常な政策である。

話を当座預金に戻そう。どうして当座預金はこんなに膨張したのか？　それは、資産の側の国債の膨張とセットである。日銀は、民間金融機関から国債を買い、その代金をその銀行の当座預金に振り込む。異次元金融緩和により、まず二〇一三年四月には「年間五〇兆円相当」、二〇一四年一〇月の追加緩和時には「年間八〇兆円相当」と目標金額を引き上げ、ひたすら買いまくった。だから、

日本銀行の貸借対照表

（令和3年5月20日現在）

資産	負債および純資産
国債 536兆円	発行銀行券 115兆円
貸付金 127兆円	当座預金 525兆円
上場投資信託(ETF) 36兆円	その他　80兆円
その他　21兆円	
合計 720兆円	合計 720兆円

日本銀行のデータを元に作成

資産としての国債が膨大なものとなり、負債の側の当座預金が膨張したのだ。

こうして日銀は、日本の国の借金を一手に引き受けることとなった。事実上の「財政ファイナンス」である。

もう一つ、日銀の国債買いに関する政策で付け加えて説明することがある。二〇一六年四月から、一〇年国債利回りをおおむねゼロ%程度に設定し、その水準になるように国債買入れを実施するという政策を始めたのだ。国債の利回りがゼロ——つまり、日銀が大量に買って保有している国債は、何の儲けにもならないのである。より正確に言えば、二〇二〇年九月末時点で日銀が保有する国債の加重利回りは〇・二一四%、ほかの資産を合わせた運用資産合計では〇・一九八%しかない。日銀は、自らがとった政策によって、儲けにならない国債という資産を莫大に抱えることになっているのである。

儲からなくても、損をしなければいい——しかし、実はそれが危ういのだ。資産の側の国債に見合う形で膨張した当座預金。この日銀当座預金には、法律上のルールがあり、民間銀行は家計や企業から預かった預金額の一定割合を日銀当座預金に積み立てなければならない。この義務付けられた金額は「法定準備額」と呼ばれ、それを超える分は「超過準備額」と呼ばれる。

法定準備額は強制なので無利息だが、超過準備額には現在〇・一%の利息が付けられている。ざっくり言うと、現在は日銀当座預金のうち無利息の部分が半分、〇・一%の利息を払っている部分が半分という感じになっている（一時期話題になった「マイナス金利」部分はごくわずかである）。そして、この超過準備額の金利は事実上、市場の短期金利の下限になっている。ここが問題なのだ。短期金利の下限となる超過準備額の金利を上げざるを得なくなったら、日銀には莫大な利払い費が発生し、儲からない資産との逆ザヤが発生、債務超過に転落する。だから日銀は、短期金利を上げることはできないのだ。しかし……。

円安→インフレ→金利上昇→日銀債務超過→財政破綻

現在、すでに海外主要国の長期金利は、アメリカを中心に上昇に転じている。

為替相場は様々な要因で動くが、長い目で見た時に一番根強く作用するのは内外金利差だろう。ドル金利が上昇し円金利が低いままであれば、円安に動く可能性は高い。そうなれば、輸入物価は上昇する。国内景気は弱いままで、輸入物価の上昇によるインフレが発生。それを抑えるためには、通貨安を抑えなければならない。そのために「中央銀行が短期金利を引き上げることができなければ、国内の物価上昇は抑えられず、外国為替市場で自国通貨安が一段と進展してしまい、まさに円安↓物価上昇↓円安のサイクルに『火に油を注ぐ』事態になりかねない」（ダイヤモンド・オンライン二〇二一年四月二日付）。

しかし、先に述べた理由から日銀は短期金利を上げることはできない。上げなければ、通貨安・インフレはさらに進行する。「今日は一ドル＝一三〇円だが、明日になったら一ドル＝一四〇円になってしまうかもしれない、となったら、皆、一刻を争う形で大慌てで、自分の円資産を少しでも有利なレートでドルに替えようとするだろう。中央銀行が『金利を上げたくなければ上げなければよい』という対応は、いつまでも続けられるわけではないのだ」（同前）。

こうして通貨安・インフレに耐え切れずに短期金利を上げれば、日銀は債務超過に転落し、円の信頼は失墜する。そして、インフレは今すでに世界各国で見られるように長期金利の上昇を招く。長期金利の上昇とは、国債価格の下落とイコールだから、日銀が抱えている莫大な国債には巨額の評価損が発生する。

こうなるともう、今まで異次元金融緩和で糊塗《こと》してきた矛盾がいっぺんに表面化する。異次元金融緩和で長期金利まで抑え込んできたから、国は日銀を引き受け手としてどんどん借金をすることができた。しかし、金利が上昇に転じれば、もう放漫財政はできない。

「わが国の現在の財政事情は、アイスランドが危機に突入した二〇〇八年時点よりもはるかに悪い。（中略）アイスランドの例よりも、もっと大幅な増税を、幅広い税目について断行せざるを得なくなるだろう。その際、歳出の面でも冷静に議論する時間的な余裕はなくなり、年金等の社会保障支出等も含めて〝一律何割カット〟といった乱暴な方法で削減される可能性が高い」（プレジデントオンライン二〇二〇年一二月二四日付）。

実は二〇二〇年四月、日銀は長期国債買入れの方針を「年間八〇兆円めど」から「上限撤廃」に変更した。これは何を意味するのか？　すでに見てきたように、新型コロナ対策のためにわが国は一〇〇兆円を超えるさらなる莫大な借金に足を踏み入れた。どうやって返済するかは一顧だにすることなく、だ。莫大な借金＝莫大な国債発行である。莫大な国債発行は当然、金利上昇圧力を生じさせる。それを抑え込むためには、日銀は無制限に国債を買い支えるしかない。それが、「上限撤廃」の意味だ。

返済を考えない無責任政治の先にある危機を、日銀はわかっている。金利が上がってしまったら、この国の財政は壊滅する。日銀はそれがわかっているからこそ、どこまでも国債を買い支えるという姿勢を明らかにしたのだ。

日銀のこの必死の防戦で、日本の財政は平穏を保ち続けることができるであろうか。私は確信している。いつか必ず、日銀の堤防は決壊するであろう、と。そしてわが国は、コロナ不況など比べものにならない、トンデモナイ経済大災害に見舞われるであろう、と。

第三章

かつて、すべての通貨は紙キレになってきた

我々が歴史から学ぶべきなのは、
人々が歴史から学ばないという事実だ。

（ウォーレン・バフェット）

「歴史上、すべての不換紙幣が価値を失った」

中国は一一世紀に「飛銭《ひせん》」と呼ばれる紙幣を発明した。欧州がこれに追い付くのは六〇〇年後のことだ。スウェーデンのストックホルム銀行は一六六一年、欧州大陸初の紙幣を発行した。

紙幣の誕生は、どの国でも共通のパターンをたどってきた。当初は貴金属と交換可能だ。しかし政府はやがて、簡単に製造できる現金によって支出を賄う誘惑に抗い切れなくなる。危機の際にはなおさらだ。紙幣の発行が本格化すると、交換権は例外なく停止された。

当初は多くの人々が紙幣発行の利点を感じる。しかし経済歴史学者のペーター・ベルンホルツ氏によると、「インフレなき強い成長という黄金期」はせいぜい一年かそこらしか続かない。物価が上昇し始めると紙幣は熱々のポテトと化し、放り出したときにはもう火傷を負った後だ。通貨の流通が速まり、インフレ圧力は増す一方。人々は、紙幣をもっと安全な価値貯蔵手段に交換するか、貯蓄を国外に持ち出そうとする。

こうした状況に対する政府の典型的な対応は、紙幣に代わる資産の禁止か、交換の統制だ。例えば明王朝の皇帝は一三九四年、銅銭を使用、または貯蓄した者に罰金や禁錮の刑を科した。同様に、スコットランド出身の実業家ジョン・ローは一七一九年にフランスに紙幣を導入した直後、金の所有と輸出を禁じた。こうした強制的な措置は例外なく失敗する。

最終的に紙幣の信用は失墜し、だれも受け取らなくなる。インフレが燃えさかる時には、グレシャムの法則とは逆の現象が起こる。『良貨が悪貨を駆逐する』のだ。人々は代替通貨を使うか、物々交換へと走る。ワイマール共和国で起きたハイパーインフレ末期には、多くの取引が外貨で行われた。

労働者は賃金の上昇が物価の上昇に追い付かず、年金生活者は貯蓄が吹き飛ぶ。そうして十分な数の人々がインフレの恐怖を味わった末に、ドイツでは通貨改革を求める合意が生まれた。

しかし政府は国民の信頼を失っていたため、代替通貨の発行は、中央銀行が財政赤字をファイナンスするのを防ぐ『基本法』とセットになった。かくして一九二三年一一月に新通貨『レンテンマルク』が誕生し、ドイツにおけるハイパーインフレの悪夢は終結した。

（ロイター二〇二一年五月一一日付）

冒頭から長々と記事を引用したが、ご容赦いただきたい。記事に書かれていたことが、皆さんにとって極めて有益な〝歴史〟であると思ったので、長文だが引用した。

現代を生きる私たちは、ある重大な歴史的な事実を忘れてしまっている。それは、「歴史上、すべての不換紙幣《ふかんしへい》（金《きん》などの価値の裏付けがない紙幣）は失敗に終わった（価値を失った）」という普遍的なことだ。

日常の生活において、私たちが日本円の持つ価値を疑うシチュエーションなど、まずない。紙幣が極端に汚れたり破損した際は、「使えるどうか」迷う時もあるが、それは物理的な事象であってほかで流通する一万円の価値を疑うということにはならない。汚れた紙幣は、銀行で交換してくれる。

貿易に関わっている人や、海外に出張や旅行でよく行く人などは、普段から為替レートには敏感だろう。それでもちょっとした円安（円高）に一喜一憂するくらいで、極端に円の価値が（外貨に対して）減価することを心配したりはしないはずだ。

戦後の日本社会には、「現金信仰」なるものが存在する。たいていの日本人は現金の価値を信じて疑わず、投資よりも貯蓄に励んできた。そこに、長期的なデフレ（物価が下がり、現金の価値が上がること）が拍車をかけている。近年の日本で、「タンス預金」が増加していることもその現れだ。

そのような私たちからすると、日本円が紙クズになることなどまるで想像できないだろう。しかし、歴史的な事実として永遠に価値を保てた不換紙幣は、ただの一つとして存在しない。大げさに聞こえるかもしれないが、日本円もどこかの時点でその運命をたどる。今の政府や日銀の政策を見ていると、その時期はそう遠くないかもしれない。

これは余談だが、「インフレーション」（通貨の膨張、物価の下落）という言葉が一般的に用いられるようになったのは、南北戦争（一八六一～六五年）の際に米財務省が発行した「グリーンバックス」（裏面が緑色のドル紙幣）が価値を失ったことがきっかけだとされる。ラテン語の「膨らませる」（inflare）が語源だ。当時のアメリカでは、紙幣の乱発によって南部も北部も高インフレに襲われ、とりわけ南部では月間のインフレ率が七〇〇％に達したと言われている。

インフレーションの語源は南北戦争にあるとされるが、現象としてのインフレはその前から普遍的なこととして幾度となく起きてきた。そしてそれは、これからも確実に起こる。

少し古い記事になるが、二〇一一年八月一五日付の米ウォール・ストリート・ジャーナルは「ニクソンショックから四〇年――現行の紙幣制度の結末はいかに」と題した論説で以下のように指摘している――「すべての紙幣制度は、最終的には失敗した。金融当局は、完全な崩壊が起こる前に商品を裏付けとする貨幣制度に戻した。そうしなかった場合は、ハイパーインフレを招き、社会に深刻な影響をもたらした。（中略）歴史的にみると、すべての紙幣制度は完全な失敗で終わるか、商品を裏付けとするマネーにタイミングよく戻るか、どちらかである。現行の紙幣制度の開始から四〇年が過ぎた今、我々はまた同じ岐路に直面している」。

一九七一年のニクソンショック以降は、すべての先進国が完全なる不換紙幣を発行するようになった。そして、その不換紙幣の価値は、「発行体」（日本で言うと政府や日銀）の信認に依存している。すなわち、発行体の信認が崩れた時が危ない。

では、どのような時に発行体の信認が揺らぐのであろうか。これには明確な答えがないが、歴史を振り返ると①戦争に負けた時（勝っても膨大な戦費がかかった時）、②財政赤字の垂れ流し、③際限のない紙幣の増刷、というような状況で信認が揺らいでいたことが確認できる。

近年は①の戦争リスクこそそこまで心配する必要はないが、②財政赤字と③紙幣増刷には十分な警戒が必要だ。日米欧といった主要国の政府債務残高（対ＧＤＰ比）は第二次世界大戦後の水準を上回り、金融緩和の名のもとに紙幣も増発されている。

②と③のリスクは、極端な言い方をすると政府の裁量次第といった側面があり、歴史的にも「やり過ぎた」際はインフレに見舞われることがほとんどだ。

英フィナンシャル・タイムズの著名な論説委員であるマーティン・ウルフ氏は「米国のインフレを心配すべき理由がある」（二〇二一年五月一九日付）と題した論説で、アメリカのジョー・バイデン政権による「極端に拡張的な金融・財政政策」の危うさを説いている——「ミルトン・フリードマンはかつて、『インフレはいつでも、どこにおいても貨幣的な現象である』と述べた。これは間違っている。インフレはいつでも、どこにおいても政治的な現象なのだ」。

ウルフ氏が言うように、歴史を紐解《ひもと》くと深刻なインフレの大方は政府の恣意《しい》的な運営の帰結として起きている。先のオイルショックのように、物の供給不足（あるいは需要過多）によるインフレも起こるが、通貨の信認が毀損した時のインフレこそが最も危険であり、破滅的だ。

向こう三〇年、「米ドルの地位は安泰」

コロナ禍への対応で米国政府が打ち出した刺激策は、過去二〇〇年で最大規模のものとなった。前項のウルフ氏が言うように、もしかすると「やり過ぎ」のレベルかもしれず、将来的にインフレが襲っても不思議ではない。

そうなると、率直に米ドルの信認に心配がおよぶ。米ドルも例外なく不換紙幣の一員であり、現在も膨張を続けているため先行きを案じるのも無理はない。実際、ニクソンショック（米ドルと金《きん》の兌換《だかん》停止）以降は、常にドル不安が巷を賑わせている。

しかし、結論からすると米ドルに対する過度な心配は不要だ。私は、二〇五〇年くらいまでは米ドルの地位が安泰だと見ている。その根拠はとても単純で、「米ドルの代えが存在しない」ためだ。

昨今は「人民元の台頭／米ドルの凋落」を叫ぶ人も増えてきたが、人民元はまだ「基軸通貨」の役割を果たす段階にはない。

そもそも、基軸通貨とはどういったものなのか、公益財団法人「国際通貨研究所」のホームページから引用したい。

国際通貨の中でも中心的な地位を占める通貨を基軸通貨といいます。今日では米ドルです。貿易も金融取引もドル建てが多く、各国の外貨準備もドル建てが最大です。

基軸通貨は、通貨価値への信認と利便性の二点について、他の通貨に勝っている通貨が自然にこの地位に着きます。信認と利便性とは、為替相場や金利が予測不可能に乱高下せず、売買したい時、常に取引相手がみつかる安心感があることです。
通貨のこの条件を満たすには次の実態的な要素が必要です。
第一に、その通貨を擁する国の経済規模と金融市場が大きいです。第二に、大きいばかりではなく質も大事です。強さと規律を備えた金融機関が市場参加者の主流を占め、為替相場や金利などの価格形成の透明性が高いです。独立した金融監督者と中央銀行がシステム全体の守護者として存在します。第三に、この体制が誰からも侵略されないで守り通せる強い軍事力を持ちます。こうした多くの条件を満たすのは、今の世界では米国以外ありません。

（公益財団法人「国際通貨研究所」のホームページ）

ニクソンショックで米ドルと金《きん》の兌換が停止して以降、主要国は「変動相場制」に移ったが、結局はその後もアメリカの経済規模や金融市場の流動性の高さなどを背景として、米ドルが事実上の基軸通貨としての役割を果たしている。

世界の外貨準備に占める米ドルの比率

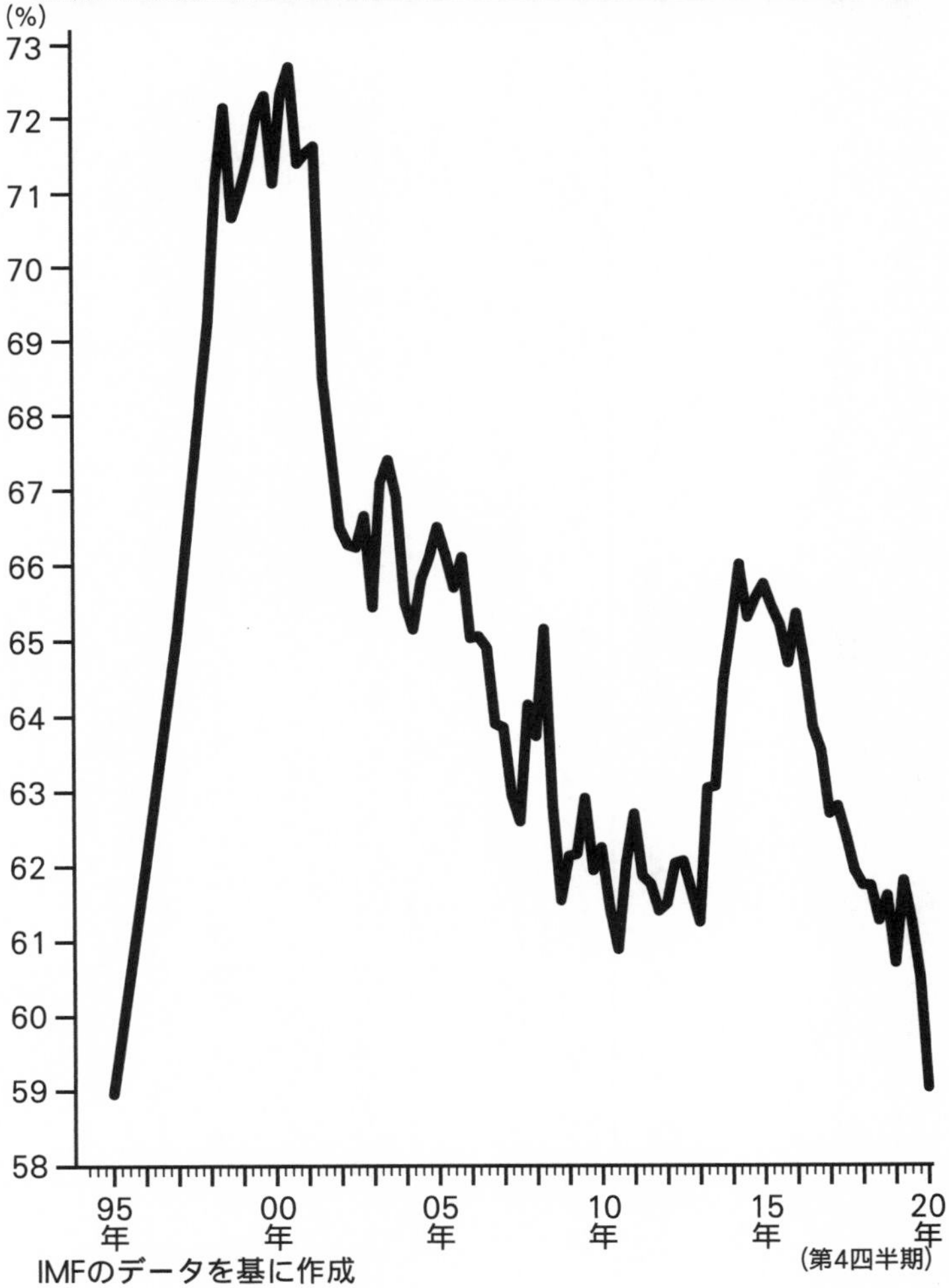

IMFのデータを基に作成

各国の外貨準備の内訳を見ると、現在でも米ドルでの保有が圧倒的だ。

外貨準備のほとんどが米ドルということは、仮に米ドルが暴落すれば為替差損を被る企業や投資家が続出するため、結局は当局が米ドルを買い支えざるを得ないことを意味する。また、日中韓などの貿易立国は自国通貨が高くなり過ぎると輸出が不利になるため、米ドルの価値が安定していることが望ましい。

一部には、野放図な財政赤字によって他国が米ドルを見限る事態を心配する声もある。バイデン政権は、アメリカ史上類を見ないほどの（財政支出の）大盤振る舞いを約束しており、やや心配なのは確かだ。それでもアメリカの政治は二大政党制が機能しているという点で、「やり過ぎ」はどこかの時点で歯止めがかかると考えられる。「小さな政府」を志向している共和党がストッパー（歯止め役）になることを期待したい。

そもそも論として、アメリカの政府債務残高（対ＧＤＰ比）は二〇二〇年末時点で一二八・六％と、日本などと比べて余力があると言える。

結局のところ、「米ドルの代えが存在しない」（他の通貨が台頭してこない）

という単純な理屈こそが、米ドルの将来を考える上で最も重要なのだ。依然として世界経済がドル体制に依存しているということ自体が、アメリカが経済的にも軍事的にも最強だという（ひいては米ドルが信認されている）証拠であり、これは一夜にして崩れ去るものではない。いずれ米ドルに対抗する通貨が出てくるのは間違いないが、それはまだまだ先の話だろう。

みずほ証券のエコノミストである上野泰也氏は、以下の理由から米ドル凋落説を一蹴している。

ドルや米国債が「大暴落」しそうだというような話が聞こえてきた際は、「そのあと」がどうなるのかを考えればよい。ドルから逃避したマネーの受け皿になりそうな（なれるほどの市場規模や信認などを伴っている）通貨はあるのか。米国債から逃避したマネーの受け皿になりそうな（なれるほどの市場規模や高い信用度・流動性やある程度のプラス利回りを伴っている）金融商品はあるのか。少なくとも現時

点では、答えはいずれについても「NO」であり、ドルや米国債の「大暴落でサヨウナラ」的な臆測の類いは棄却される。

（日経ビジネス・オンライン二〇二〇年八月一一日付）

現在の国際情勢を俯瞰《ふかん》すると、米ドルはそう簡単には凋落しない。繰り返しとなるが、私は少なくとも二〇五〇年くらいまでは米ドルの地位が安泰だと考えている。それでも「どうしても不安だ」という方は、金《きん》をある程度、そしてファイブ・アイズの通貨（米ドル、英ポンド、カナダドル、豪ドル、ニュージーランドドル）を分散して保有すればよいだろう。

日本円が「危険資産」となる日

信認喪失の危険性が高いのは、むしろ日本円の方だ。経済ニュースなどでは、いまだに「日本円は安全資産」だと解説されることが多く、事実として世界的な経済危機の際は日本円が買い進められる傾向がある。

しかし、安全資産としての地位がこの先もずっと続くなどと考えてはいけない。日本円の安全資産としての地位は、すでに後退を始めたと考えられる。それればかりか、二〇二〇年代には「危険資産」に転落する可能性も十二分にある。

リーマン・ショック時に財務省財務官を務め、その後にＩＭＦ（国際通貨基金）の副専務理事として金融危機後の対応に当たった篠原尚之氏は、東洋経済オンライン（二〇二二年五月一日付）のインタビューで、「安全資産としての円の評価に変化」が起きていると断じている。以下、私たちにとって重要な分析なので引用したい。

（東洋経済の質問）――具体的なドル円相場の見通しは。

（篠原氏の回答）個人的なイメージとしては今年年末に一ドル一一〇～一一五円。来年以降もドル高円安の基調が続く可能性が高まっていると思う。

注目すべきは、コロナ危機下でアメリカがいくら金融緩和をしても、アメリカの長期金利がいくら下がっても、かつてのように一ドル一〇〇円を割り込む円高にはならなかったことだ。円が持っていた『安全資産』としての性格が忘れられているような感じがする。

——それをどう読むべきでしょうか。

日本銀行の金融緩和は以前からのことで、それだけでは説明できない。それよりも、日本のファンダメンタルズ（基礎的諸条件）が相対的に少しずつ弱くなっているのではないか。

もちろん、日本はまだ経常黒字国であり、雪崩を打って状況が変わるわけではないが、もはや安心して円を持てるのかという感じがしても仕方がない。人口の高齢化で潜在成長率が低下し、財政赤字と政府債務の拡大で年金など社会保障制度への圧力が高まっている。貿易収支も赤字の年が増えた。日本の名目ＧＤＰ（国内総生産）の規模はまだ世界三位だが、一人当たりＧＤＰの世界順位はかなり下だ（二〇二〇

日本の経常収支の推移（2020年は速報値）

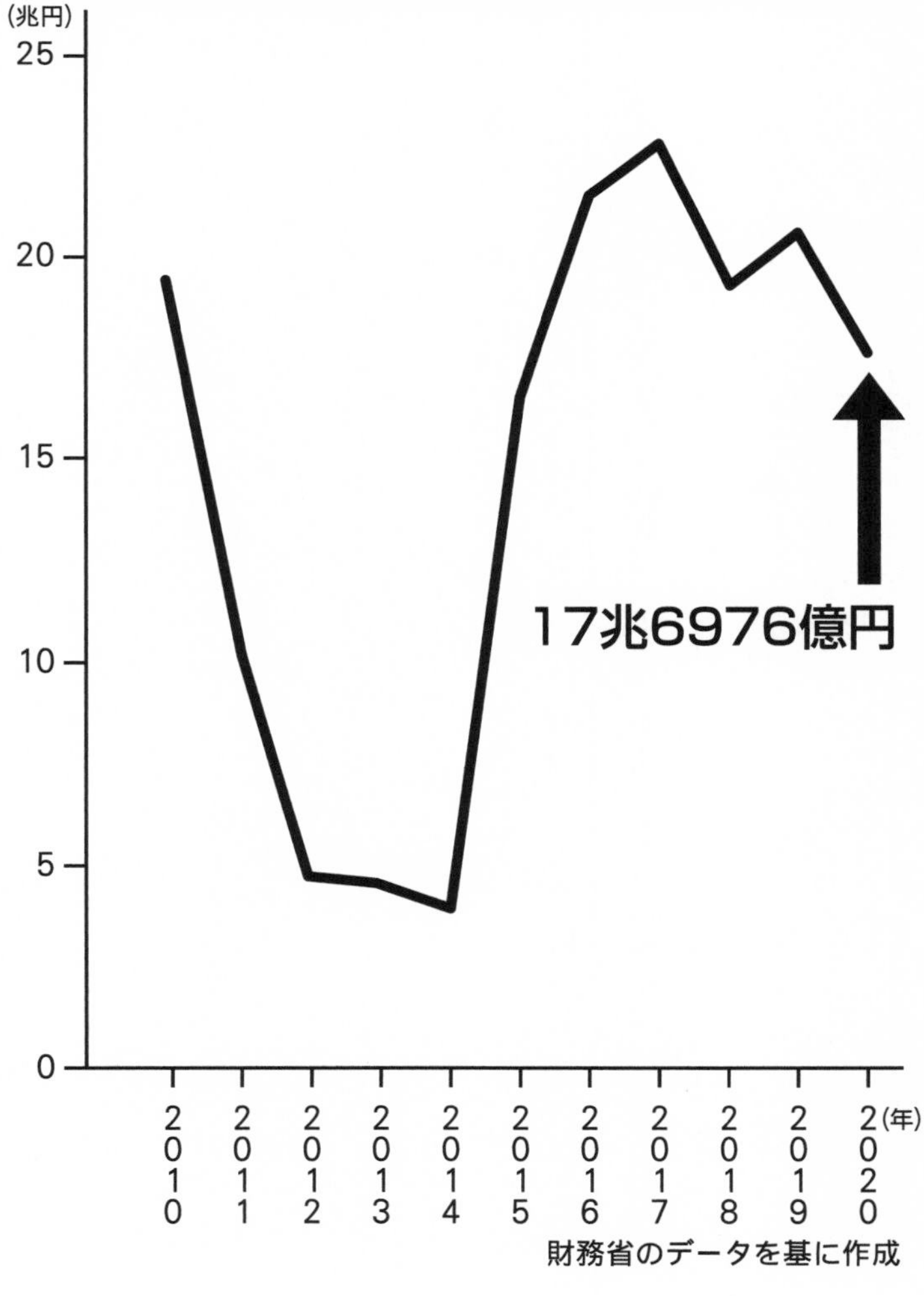

財務省のデータを基に作成

年はドルベースで世界二三位、IMF集計）。それでいて危機感があまりない。
（東洋経済オンライン二〇二一年五月一日付）

篠原氏が心配するのも無理はない。事実として、日本円を取り巻く環境は刻々と変化しているのだ。

そもそも、日本円が安全資産だとされる根拠は何か。それは大まかに、①経常黒字、②対外純資産、③デフレ均衡の三つであると言われている。しかし、過去一〇年でこれら三つの要素に重大な変化が生じている。

まずは①の「経常黒字」から見て行こう。経常黒字が円高要因と言われるのは、日本企業が海外で稼いだ外貨を日本円に換える需要を強めるためだ。日本は、一貫して経常黒字国である。二〇一〇年代前半には経常黒字が大きく減少し、一時は「すわ、経常赤字に転落か」ともささやかれた。経常赤字は円安圧力となる。なぜ、二〇一〇年代前半に経常黒字が大きく減少したかといえば、それは経常収支の一項目である貿易収支が悪化したためだ。貿易収支はその後も大きく回復していない。それでも経常黒字が維持されているのは、「投資の収益」（所得収支）が増加したことによる。

今も日本を貿易立国と考えている人は少なくないが、実は昨今の日本は貿易ではなく、「投資で稼ぐ国」へと変貌した。そして、所得収支の増加を背景にした経常黒字は、それほど円高圧力を生じさせていないと考えられている。

そこで②の「対外純資産」に移るが、経常黒字が毎年のフロー（外貨収入）であるのに対し、対外純資産は毎年の経常黒字が蓄積されたことの結果（外貨ストック）だ。この、対外純資産の中身にも大きな変化が起きている。かつては、対外純資産の内訳の多くを「証券投資」（海外有価証券）が占めていた。そのため、リーマン・ショックのような経済危機が起こると外国の有価証券を売って（すなわち日本円に換金して）国内に還流させることから円高圧力が生じたのである。それが昨今では、証券投資に代わってクロスボーダーM＆A（海外M＆A）に代表される「直接投資」が対外純資産の多くを占めるようになった。こうなると、危機の際も円高圧力がほとんど生じないと考えられている。

というのも、M&A（企業買収または合併）といった直接投資の場合は、たとえ経済危機が起きても買収先の企業をいきなり売って（日本円に換金して）国内に戻すようなことはまず起こらない。仮にそうしたくても、M&A市場は株や債券と違って流動性が低く、売却先を見つけるまでに相当な時間がかかる。経済危機でM&A市場が低迷したとなればなおさらだ。

日本企業が海外M&Aをする際は、大量の円を外貨に換えてから買収するため、基本的に日本企業の海外M&Aは円安圧力になる。しかも、海外M&Aは基本的に一方通行だ。過去一〇年間（二〇一〇―二〇年）で見ると、毎年平均で一三・六兆円の直接投資が出ている。この多くが、外国為替市場で円安圧力になっていると考えてよい。

ところで、日本企業による直接投資額の増加は、企業が日本経済の将来を悲観視していることの裏返しである。日本経済の人口減少による内需縮小というトレンドは決定的であり、日本企業の直接投資が今後も高止まりして行くであろうことは間違いない。

大きく変わった日本国の「稼ぎ方」

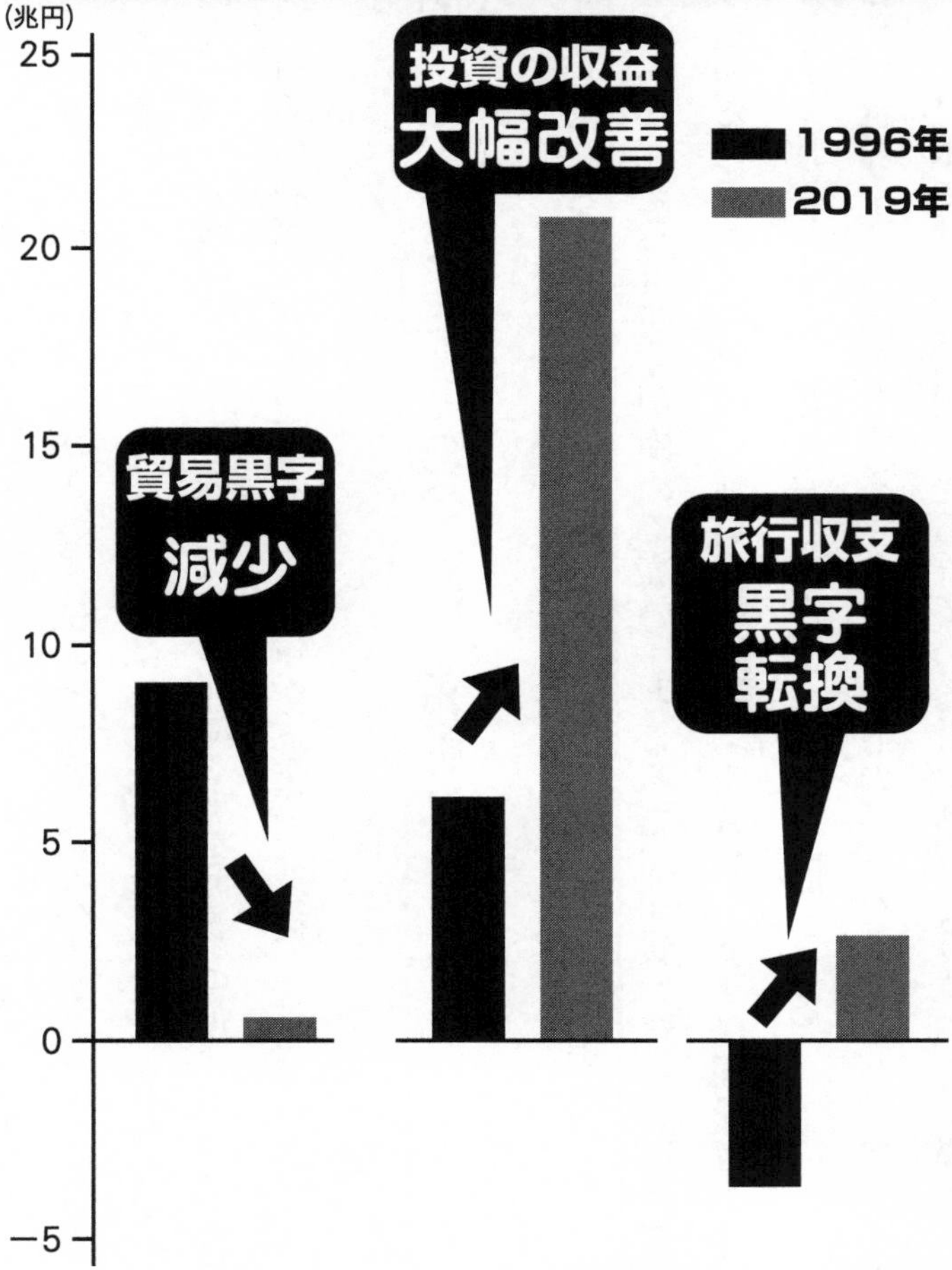

東京新聞のデータを基に作成

経常黒字や対外純資産の存在を根拠に「日本（円）は安泰だ」と主張する人は多くいるが、その〝中身〟が大きく変わってきているということに注意が必要だ。もはや、かつてのような円高圧力は生じないと考えてよいだろう。むしろ、海外への一方通行である直接投資の増加は、裏を返すと企業の「日本脱出」であり、日本の将来を考えるにあたって極めて不穏な兆候だと言える。

将来的には、一ドル＝一〇〇〇円も視野に

繰り返しになるが、日本円が安全資産だとされる三つ目の根拠、「デフレ均衡」も終焉を迎える可能性が極めて高い。ところで、なぜデフレが通貨高の理由になるのだろうか。それは、購買力平価説（為替レートは自国通貨と外国通貨の購買力の比率によって決定されるという説）で説明できる。

たとえば世界中に店舗を有するマクドナルドのハンバーガーが、アメリカでは一ドル、日本では一〇〇円で売られているとする。そうすると、購買力平価

日本の対外純資産における直接投資と証券投資

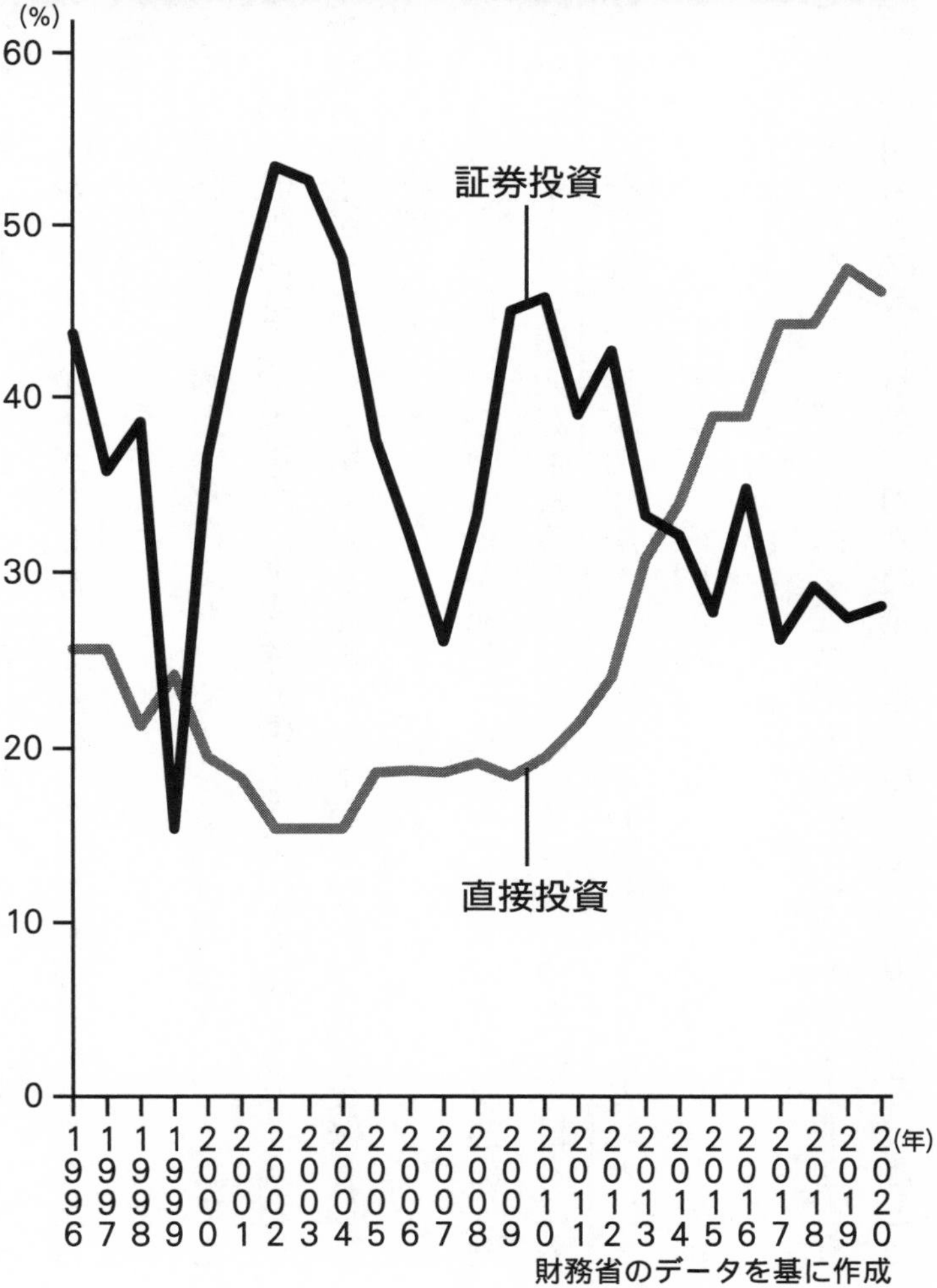

財務省のデータを基に作成

説に基づく為替レートは一ドル＝一〇〇円だ。これが、デフレの日本で一年後にハンバーガーが九〇円に値下がりしたとすれば、購買力平価説に基づく為替レートは一ドル＝九〇円となる。

もちろん、為替レートは購買力平価説だけで決まるわけではない。それでも投資家は、物価の動向は重要視する。世界経済に変調が起きた時などは、「とりあえず購買力が下がりにくい（物に対して価値が下がらない）通貨を保有しておこう」という心理が働きやすくなるというわけだ。

しかし、二〇二〇年代にはこの前提が崩れるだろう。アメリカを筆頭に、向こう四〇年間はインフレ傾向が強まる公算が高い。インフレの波は、日本にもおよぶだろう。それでも、日本だけがデフレ継続というシナリオもゼロとは言えない。そうなった場合、インフレの国の通貨が売られ、引き続きデフレの国（日本）の通貨は買われる傾向が続くのだろうか。

おそらく、そうはならない。これは第二章でも述べたが、為替レートを占う上で物価の動向も意識されるが、内外の金利差も極めて重要視される。たとえば、日本円がゼロ金利のままアメリカが高金利となれば、日本円が売られることは間違いない。しかも、日本はプリンティング・マネー（紙幣増刷）大国だ。日本は紙幣の増刷を止められず、債務まみれのために金利も引き上げられないとの認識が定着すれば、投資家は安心して円を売ってくるだろう。

「インフレは、常に、そしてどこでも政治的な現象である」という言葉を思い出していただきたい。もはや、日本円が安全資産だとされる「経常黒字、対外純資産、デフレ均衡」という根拠は間もなく賞味期限を迎え、ダメな不換紙幣というレッテルが貼られる日がそう遠からずやってくるだろう。

早稲田大学のファイナンス総合研究所で顧問を務める野口悠紀雄氏はこう断言する――「日本は財政支出を中央銀行の紙幣増刷で賄う『ヘリコプターマネー』にすでに手を染めており、世界最悪の公的債務を高インフレで解決する可能性が高い」（米ブルームバーグ二〇一六年五月二七日付）。

野口氏は、日銀が導入した現行の異次元緩和に基づく国債買い入れは、残存期間が長い国債を銀行が右から左に売れるようになったので事実上の日銀引き受けであり、財政法第五条の脱法行為（日本の財政法第五条は公的債務の日銀引き受けを禁じている。ただし、特別の事由がある場合には国会の議決を経た金額の範囲内なら例外だとしている）だとし、「ヘリコプターマネーは非生産的な用途に使われるようになる。歴史上、ずっと続けられた例はない」「必ず最後はインフレになって破綻している。インフレで希薄化せずに債務問題を解決できた例は皆無ではないが非常に少ない」「（金融政策に）出口がなければ、日本がそうなる可能性は非常に高い」（同前）と警告する。

そして、「長期的な円安が傾向的に続く可能性は否定できない」とし、「日本経済の体力がどんどん弱っていけば、一ドル＝三〇〇、五〇〇、一〇〇〇円も十分考えられる」（同前）と予想した。

極めて恐ろしいシナリオだが、こうした可能性は十二分にある。

カギ足アナリストの川上明氏は、月足のドル／円チャート（超長期）を見せながらこうアドバイスしてくれた――「一九九〇年四月に付けた一六〇・三五円を突破した時が危うい。というのも、そこから遡ること一九七八年一〇月の一七五・五〇円までには、テクニカルで言うところの窓に似た真空（薄商いゾーン）があり、それにならうと一六〇・三五円を超えるとスルスルっと円安が進んでしまう恐れがある」。

第一章でも述べたが、日本円が一ドル＝一二〇円くらいになったとしても誰も驚かないだろうが、一四〇〜一六〇円のレンジに突入すれば「ちょっとヤバいな」という人が増え始め、一六〇円を超えてくると「本当にマズい」との雰囲気が蔓延して深刻なキャピタル・フライト（資本逃避）が起こるだろう。

川上氏が提示した一六〇・三五円を突破すれば、ドル／円はジェットコースター相場と化すに違いない。最終的には、かつての一ドル＝三六〇円へと回帰し、固定相場制が導入されることも考えられる。

〝デジタル化〟という「新円切換」

これはもう少し先の未来の話になるが、「ＣＢＤＣ」（中央銀行が発行するデジタル通貨）が流通するようになったら気を付けた方がよい。現在、主要国の中央銀行でデジタル通貨の研究が盛んになっている。この分野で先行する中国では、そう遠くない将来、デジタル人民元が登場する予定だ。各国の中央銀行は、以下の二つの視点でデジタル通貨を導入したいと考えている。

一つは、仮想通貨（暗号資産）の浸透を阻止するため。過去一〇年でビットコインなどの仮想通貨（暗号資産）は広く世間に認知されるようになったが、匿名性が高い仮想通貨はマネーロンダリング（資金洗浄）やハッキング、テロ支援にもたびたび使われている。こうした匿名性の高い通貨システムが浸透することを、為政者は快く思わない。

二つ目の理由は金融政策の効果を最大限まで高めることにある。今のように中央銀行が「銀行の銀行」という存在である限りは、「流動性の罠」に阻害され金融政策の効果は極めて限定的だ。量的緩和の名のもとに中央銀行が市中の銀行に大量のお金を供給しても、お金を供給された市中の銀行が企業や個人への貸し出しを増やさない限りは実体経済にお金が浸透しない。

ところが、デジタル通貨が流通する世界では、国民は市中の銀行に口座を持つ必要はなくなり、中央銀行に口座を持つようになる。この構図は、ＭＭＴ（現代金融理論）やヘリコプターマネーと極めて相性が良い。なぜなら、中央銀行が発行するお金が直接個人の懐に入るようになるからだ。

国民からすると、デジタル通貨と聞いても「利便性が良くなる」くらいにしか思わないだろう。しかし、デジタル通貨の導入は、政治的なインフレへの道を開く可能性が高い。デジタル通貨をインフレーション（膨張）させないためには、以下のような決まりが必要だ。

第一に、デジタルで発行した額と同じ額の現金を吸収する。こうすれば、インフレは起こらない。実際、中国政府はデジタル人民元の導入に当たり、インフレ対策として同じ額の現金を吸収すると説明している。

次に、貨幣濫造の危険性についてだが、これを防ぐには中央銀行が勝手にＣＢＤＣの残高を変えられないようにすればよい。その点に関しては、議会が決定権を持つ。

しかし、日本のような債務まみれの国が「打ち出の小槌」という誘惑を半永久的に排除できるかは、はなはだ疑問である。すでに日本では、〝フィスカルドミナンス〟(中央銀行の政府への従属化)が進行しているが、もはや最終的には〝議会〟こそがCBDCをばら撒くかもしれない。現行の紙幣よりも流通が速い「デジタル円」は、あっという間にインフレを起こすだろう。

冒頭のロイターは、CBDCが「紙幣の発明以来、最も重要な金融イノベーションになるかもしれない」としつつも、「しかし紙幣の黎明期が参考になるとすれば、初期のCBDCは『ステーブルコイン(安定した通貨)』どころか、インフレなどの経済的苦境をもたらす恐れの方が大きい」(ロイター二〇二一年五月一一日付)と断じている。

将来的なデジタル円の登場には、注意が必要だ。

第四章

「預金封鎖」「財産税（最大九〇％）」「ハイパーインフレ」があなたを襲う!!

恐れおののいている間は、まだ災いは本格的ではない。
勇敢に立ち向かうべき時は、いよいよ手の下しようがなくなった時だ。
（ウィンストン・チャーチル）

今こそ、〝マインドチェンジ〟を

かつて、通貨はすべて紙キレになったわけだが、それが現代においてなぜ起きないと言えるのか。これには、人間の心理要因が深く関わっている。

行動経済学という経済学と心理学を融合した比較的新しい学問があるが、そこには「確証バイアス」と「現状維持バイアス」というものがある。「確証バイアス」とは、自分の先入観に基づいて自分の都合のよい情報だけを無意識に集め、反論などの情報を無視したり集めようとしなかったりすることだ。また「現状維持バイアス」は、変化や未知のものを避けて現状維持を望むことを指す。

通貨が紙キレになることとは、これまでの通貨の価値が著しく棄損《きそん》することで、すなわち〝ハイパーインフレ〟を意味する。そのような未来は誰も望むものではなく、皆がそうなってほしくないと考えている。

ここで、先ほど紹介した二つのバイアスを振り返ってほしい。ただでさえ現状維持を望むのに、不確定要素を含む未来が不幸なものであれば、当然忌避《きひ》される。そうすると、「確証バイアス」で不幸な未来に繋がりそうな情報は無視されることになる。結果、未来は現状と何ら変わらないもののように扱われ、そういった未来になり得る証拠の情報だけを集めることになるのだ。

ところが、これはあくまで〝希望的観測〟というもので、現実ではとんでもない事態が往々にして起こり得るのである。特に、これまで歴史の中で起きた大惨事ともいうべき事態は繰り返し起きることが多く、その一つが先ほどの「通貨が紙キレになる」という事態である。

そして、今回の日本では、それだけではすまないだろうと考えるのが順当である。というのも、すでに過去に類を見ない額の借金を行なっていたところに、新型コロナウイルスというとんでもない事態が発生し、さらに加速的に借金が増えたのである。

たとえるなら、時速二〇〇キロで走っていたところで、さらに加速して時速三〇〇キロにするようなものなのである。それでもこれまでは、低金利などの良い環境、見通しが良い直線を走っていたため事故がなかったわけだが、金利上昇などの急カーブの一つでも出てくれば当然曲がりきることはできず、クラッシュしてしまうのである。あるいは、時速三〇〇キロものスピードになると見通しが良い直線でも、ちょっとしたハンドル操作のミスで大事故につながる可能性も十分にある。これまで日本国は、スピードを落とすことなくアクセルを踏み続けてきた（借金をどんどん積み上げて行った）わけで、そろそろ制御可能なスピードは限界に到達しそうなのである。

この状態で現状維持などは望めるはずもなく、最悪の事態を想定しておくべきである。今こそ、〝マインドチェンジ〟が必要なのだ。これまでずっと見ないふりをしてきた出来事、日本における国家破産、ハイパーインフレ、そしてそれ以上の現象が間近に迫っているのである。

幸い、世界中を見渡してみると、過去に国家破産を経験した国は多数あり、その時何が起きたのかについて参考となる事例がいくつかある。それらの事例から積極的に情報を収集し、今後日本において何が起きるのか、事態を想定しておくのがよい。

日本の国家破産は、ハイパーインフレから

この章のタイトルにある「預金封鎖」「財産税」「ハイパーインフレ」は国家破産時に起きる三大イベントと評してもよい。ただ、起きる順番は大抵決まっており、まず①「ハイパーインフレ」が起き、次に②「預金封鎖」③「財産税」と続くことが多い。②と③がセットで起きたりすることもあるが、①②③の順番が逆になることはほぼない。また、①のハイパーインフレから国家破産が始まる例が多く見られ、②と③はなく①だけを主に経験した国もある。

トルコがその例である。トルコは、インフレの常連国である。つい三年ほど前の二〇一八年八月にも、瞬間的ではあるが猛烈なインフレを経験しており、月初めの八月一日に一リラ＝二二・七五円だった為替は、八月一三日に一五・三四円にまでなっている。実に、三三％もの通貨価値の下落である。日本円で

国家破産時に起こる三大イベント

①ハイパーインフレ

②預金封鎖

③財産税

考えると、半月の間に一ドル＝一一〇円だった為替が一六四円まで円安になったわけで、いかにトルコリラが暴落したかがわかるだろう。

後に「トルコショック」と呼ばれ、ほかの新興国に多少飛び火したものの、幸いこの時は瞬間的なインフレで終わり、その年の年末にかけて為替は一リラ＝二〇円台に回復し、事なきを得た。

トルコが最もひどいハイパーインフレを経験したのは、今から二〇年も前の話である。一九七〇年頃から約三〇年もの間、国家破産状態でハイパーインフレが常態化し、一九七〇〜九九年までの三〇年間でトルコリラの通貨価値は、約一二万分の一になったという。仮に、一二億円の資産を持つ超富裕層だったとしても、三〇年後には一万円の価値しか持たないことを意味する。

そして、二〇〇一年はさらにひどいインフレを経験している。政治家の対立をきっかけに、トルコはそれまで以上の深刻な金融危機に突入したのだ。トルコリラは暴落し、金利はなんと一時一万五〇〇〇％へと大暴騰しているのだ。

こうなると、混乱しかない。あまりに急激な変動だったため適正な物の値段が誰にもわからなくなり、ありとあらゆる取引がストップした。経済は完全に麻痺《まひ》状態となった。企業の倒産が相次ぎ、多くの失業者が街にあふれた。政府の無策に対し国民の不満が高まり、多くの都市でデモが発生、一部では暴動と化している。

これが、慢性的なハイパーインフレを経験したトルコで起きたことである。

次に、トルコとはまったく異なる国家破産を経験した国、キプロスの例を見てみよう。キプロスは地中海に浮かぶ、トルコの南に位置する島だ。欧州文化と結び付きが強く、国家破産は近隣のギリシャ危機のあおりを受けて起きている。「欧州債務危機」と呼ばれ記憶に新しいが、ギリシャの財政赤字の改竄《かいざん》が見つかったことから危機は始まった。

ギリシャがひと足先に国家破産状態となり、キプロスの銀行はそんなギリシャの国債を大量に抱えていたため、その価値が下がり窮地に陥った。キプロスは、「タックスヘイブン」と呼ばれる税金が低い地域で、そのためロシアの富裕層の資産がキプロスの銀行に預けられていた。その額は、キプロスのＧＤＰ

比で四倍という驚くべき規模であった。その銀行が、ギリシャ国債の損失によって傷んだわけで、国家規模の一大事となった。ＧＤＰの四倍だから国が救済できるはずもなく、ＥＵに助けを求めたのである。

通常は、危機が発生すると通貨安、すなわちインフレが発生するわけだが、キプロスは自国の通貨にほかのヨーロッパの国と同様にユーロを導入していたため、通貨安によるインフレは免れた。

だが、キプロスとＥＵの交渉は難航した。キプロスの銀行が運用を失敗したわけで、その助けを求められても困るとＥＵは強硬な姿勢を見せたのだ。

そしてＥＵが出した解決策は、預金に対する課税であった。いわゆる「財産税」である。キプロスとＥＵとで税率の押し問答はあったが、一旦はそれでまとまるかに見えた。その時に出された課税案は、一〇万ユーロ以上には九・九％、一〇万ユーロ未満には六・七五％の税率であった。この頃には、資金流出を避けるために「預金封鎖」が行なわれていた。つまり、キプロスでは預金封鎖を行なった上で財産税を取ろうとしたのである。

ただ、キプロス議会が銀行預金課税法案を否決したため、この財産税という方法は取られなかった。結局、この議会の判断をＥＵも〝良し〟と認めている。というのは、欧州債務危機はキプロス以外の国にも広がりを見せており、イタリアやスペインといったＥＵを支える大国もそのあおりを受けていた。その中で、極端に高い税率ではないとは言え預金に対する課税はかなりのインパクトがあり、その手段を避け穏便にすまそうと考えたのである。

最終的にキプロスの国家破産は、大手銀行の破綻処理によって解決された。キプロスには、キプロス銀行とライキ銀行の二大銀行があった。そのうち、規模の大きいキプロス銀行は残される選択がなされ、ライキ銀行は潰される処置が取られた。

そして、どちらの銀行も一旦破綻処理がなされ、口座に対して一〇万ユーロ以下の預金は全額保護されたが、一〇万ユーロを超える部分は半分弱が戻ってこなかったのである。財産税ではなかったものの、富裕層の預金はカットされたのである。キプロスの預金封鎖時は、一日の出金額が三〇〇ユーロ（当時三万六〇〇〇円ほど）に制限されていた。そして、この預金カットという大胆な手段が取られた後も、しばらく預金封鎖は続いたのである。

ここでキプロスの預金封鎖時の国民の様子を簡単に触れておくと、当然のことながら一日三〇〇ユーロの引き出し上限があるわけだから、銀行のＡＴＭには連日のように行列ができた。誰もが現金を欲しがり、一部大型店以外はすべて現金での支払いが求められた。レストランやガソリンスタンドなどでは、「現金以外お断り」というわけだ。また、デビットカードやクレジットカード、小切手が使用できるお店でも、前述の国内のキプロス銀行とライキ銀行のカードは受付不可になっていたのである。

一方で、自宅に現金を置くことについて、「これから犯罪も増えるだろうし、家にたくさん現金を置いておくのも強盗を呼んでいるようなもので怖い」という声も上がっていた。

少し余談を挟んだが、国家破産が起きると、「預金封鎖」「財産税」「ハイパーインフレ」という三大イベントが起きるわけだ。

では、日本ではどうなるかと言えば、まず「ハイパーインフレ」が起きると考えて間違いない。キプロスは、自国の通貨ではないユーロを使用していたため、通貨安＝ハイパーインフレに見舞われなかった。しかし、これは例外である。ほかの国家破産が起きた戦後のドイツや一九九〇年代のロシア、過去九度デフォルトを経験したアルゼンチンなど、いずれもハイパーインフレから国家破産が顕在化している。自国通貨（ほかの通貨に連動しない）を持つ国が破産すると、まず起きるのはハイパーインフレなのである。

そして、日本は円というほかの通貨に連動しない（ペッグしない）自国の通貨を持つわけで、国家破産はハイパーインフレから始まるというわけだ。

物があふれていてもハイパーインフレに

日本でハイパーインフレが発生するという話をすると、「これだけ物があふれている現代において、ハイパーインフレなんて考えられない」という反論を受けたりする。これには、「そんなことはない」と真っ向から否定しよう。

第一次世界大戦後のドイツでは、ハイパーインフレを経験し都心部ではインフレによる食糧不足で飢餓が発生するという問題が起きていた。その一方、あまり知られていないがドイツの都心部から離れた片田舎の農家の納屋には、売られていない食糧が山積みにされていたという。このように、本当にひどいインフレが発生した時には、経済はストップしてしまうのだ。

ドイツにおけるハイパーインフレでは、一日の中で価格が倍になったりしたわけで、そうなると物の売り惜しみが発生するのである。朝、一〇〇ドルで売れるものが夕方二〇〇ドルで売れるのであれば、朝売らずに夕方までとっておくだろう。当然の話だ。これが次の日、さらに倍の四〇〇ドルで売れるのであれば、やはり次の日までとっておく。皆がこのように売り惜しみをして、それまできちんと動いていた物の流れが著しく悪化するのである。これでは、いくら物があふれていてもインフレに歯止めはかからず、むしろ慢性的な物不足となり、かえってインフレが加速してしまうのである。

そして、この事例の裏を読むと面白いことがわかる。物は〝あるところにはある〟ということだ。きちんと価値を担保してあげれば、どんなに世間がインフレの状況であっても、物をきちんと入手できるのである。だから、このようなインフレが蔓延して困窮している経済の中でも、それを逆手にうまく資産を殖やした一部の富裕層向けのお店に行くと、普段通りの買い物ができるのである。

もう一つ、ハイパーインフレの真実をお話ししておこう。それは、最初は徐々に進行して行き、気付いた時には手遅れになっているということだ。これは、通貨の価値がほとんどなくなり、札束をリアカーで運んで買い物をしたり、薪《まき》のようにくべて使ったり、または子供たちが積み木のようにして遊んだりした、悲惨なハイパーインフレを経験した戦後のドイツでも同じだったのである。

実はインフレが始まった当初は、そのインフレを心地良く感じてしまうのである。ドイツでは、通貨価値が下がることで輸出企業が潤い、経済が活性化した。企業倒産は減少し、失業率も低くなった。インフレ対策として、株式にも注目が集まったのである。ドイツ国民のほとんどが最初、外貨であるドルの価

インフレーション

5. 高橋是清財政のインフレーション（1930年頃〜）

世界恐慌、昭和恐慌と深刻なデフレ不況に陥ったわが国を、インフレ誘導によるデフレ不況克服のため、リフレーション政策を断行。「インフレ誘導」という言葉のイメージの悪さを忌避してリフレーションという用語を多用した。金の輸出を禁じるとデフレが急速に終息に向かい、３％前後のインフレとなった。その後、国債の日銀引き受けを通じて市場に大量のお金が流れた。

6. 敗戦直後のインフレーション（1945年頃〜）

戦前―戦中に発行した戦時国債、終戦後の軍人への退職金の支払いなどで政府が発行した国債を、日銀が直接引き受けたことが原因とされる。その後、1956―72年の間は年平均4.5%の緩やかなインフレが続く。

7. 狂乱物価のインフレーション（1973年頃〜、1979年頃〜）

２回のオイルショックにより、石油、石油関連品が急激に値上がりし、インフレーションが発生。あまりの値上がり（消費者物価指数：1973年で11.7%、1974年で23.2%上昇）に狂乱物価と呼ばれたが、春闘での賃上げ率も1973年で20%、1974年で33%上昇している。

8. バブル経済のインフレーション（1985年頃〜）

土地投機に支えられたバブル景気が進んだ結果、資産価値の高騰が急激に進んだ。全国平均の住宅価格は約72倍に上昇。その後、大蔵省による総量規制や日銀が金利を急激に引き締めたことによって資産インフレが終焉。バブル崩壊、資産デフレへ。

ウィキペディアのデータを基に作成

日本を襲った

1. 元禄のインフレーション　（1695年頃～）

勘定吟味役荻原重秀が江戸幕府の財政赤字の増大対策として、元禄の改鋳による金銀含有率の引き下げを行なったことによって発生。

2. 宝永のインフレーション　（1710年頃～）

1703年の元禄地震、1707年の宝永大噴火と自然災害が相次ぎ、加えて将軍の代替わり、皇居の造営費などで幕府の財政が赤字に転落。荻原重秀は新井白石らの反対を受けながらも質を落とした銀貨を相次いで発行したためインフレーションが加速。

3. 元文のインフレーション　（1736年頃～）

大岡忠相の進言の下、元文の改鋳を行ない金銀含有率を下げると共に貨幣流通量を増加させ、デフレーションを抑制。景気と幕府の財政は回復。

4. 幕末のインフレーション　（1858年頃～）

安政の仮条約で各国と通商が始まると、列強は日本に大量の銀を持ち込み、金を多く含んだ日本の小判を買い漁って自国へ持ち出したため、国外へ金が大量流出した。さらに輸出による物不足、諸藩の軍備近代化のための輸入増加に伴う通貨流出などの相乗効果で物価が高騰。庶民の暮らしは苦しくなった。江戸幕府崩壊原因の一つとなる。

値が上がり、それによって物価が上がったと感じていた。そして、自国のマルクが下落していることを感じていなかったのである。

ただ、それ以降もどんどんマルクが価値を失ったわけで、最終的にはハイパーインフレで通貨の価値がほとんどなくなる事態に発展してしまった。その時になって、国民は気付いたのだ。「大変なことになってしまった」と。これを〝ゆでガエル理論〟という。最初は心地の良いぬるま湯に入れられて、お湯の温度を段々上げて行く。すると、カエルは飛び出すタイミングを逸して、気付いた時にはゆであがって死んでしまうのである。

将来起きるであろう日本のハイパーインフレも、同じようになるだろう。最初は少し円安になり、それによって輸出が潤い、企業業績が良くなるのだ。株も上昇し、景気は上向いたかに見える。ただ、ここで錯覚してはいけない。その後に待ち受けているのは、ハイパーインフレという悪魔であなたの資産価値を著しく削ってしまうのだから。

インフレになると、資産の価値は目減りする一方で、負債もその分目減りして軽くなる。日本は国の借金が極端に大きいことが問題で、それによって国家破産に向かって進んでいるわけだから、インフレで負債が軽くなれば、日本の国家破産はトルコのようにハイパーインフレを経験するのみで完結するという考えもあるのだ。

確かに、その可能性はある。ただし、通常インフレになると金利上昇圧力が加わるので、それを国が抑え込むことができるのかどうかがカギとなる。見事に抑え込むことができれば、国債の金利よりもインフレ率が上回っている分ずつ、国の借金は減少することになる。

一方で、抑え込むことができなければ、今度は別の問題へ発展する。金利が上がると債券価格は下がる、つまり、日本国債の価格が急落するのである。すると、次に警戒すべきは日本における金融危機である。ちょうどギリシャ国債を大量に抱えていたキプロスの銀行が困窮したように、今度は日本の国債を大量に抱えている日本の金融機関が大きく傷むのだ。その結果、行きつく果ては預金封鎖と財産税の可能性がある。

預金が封鎖されたら月二〇万円の生活へ

インフレが金利上昇につながると、日本国債の価格は急落する。計算すると、今のほとんど金利が付かない国債だが、長期金利が三％まで上昇すれば残存期間八年以上の国債は、軒並み二〇％以上の損失を出すことになる。

今、国債を大量に抱えているのは、まず日銀だ。二〇二〇年一二月末時点で国債などの合計額一二二〇兆円のうち、四四・七％にあたる五四五兆円もの国債を日銀は抱えており、それが傷めばさらに円の信用が棄損するだろう。日銀に続く二番手は二〇・七％で二五二兆円分を保有する保険・年金基金で、三番手が一四・三％一七五兆円分を保有する預金取扱い機関、すなわち銀行などである。日銀に吸い上げられたことで一時期より保有額を減らしたとは言え、銀行や保険会社、年金などもやはり大量の日本国債を保有しているのだ。なにせ全体で一二二〇兆円と、規模が大き過ぎるのである。

国債保有の割合と金額

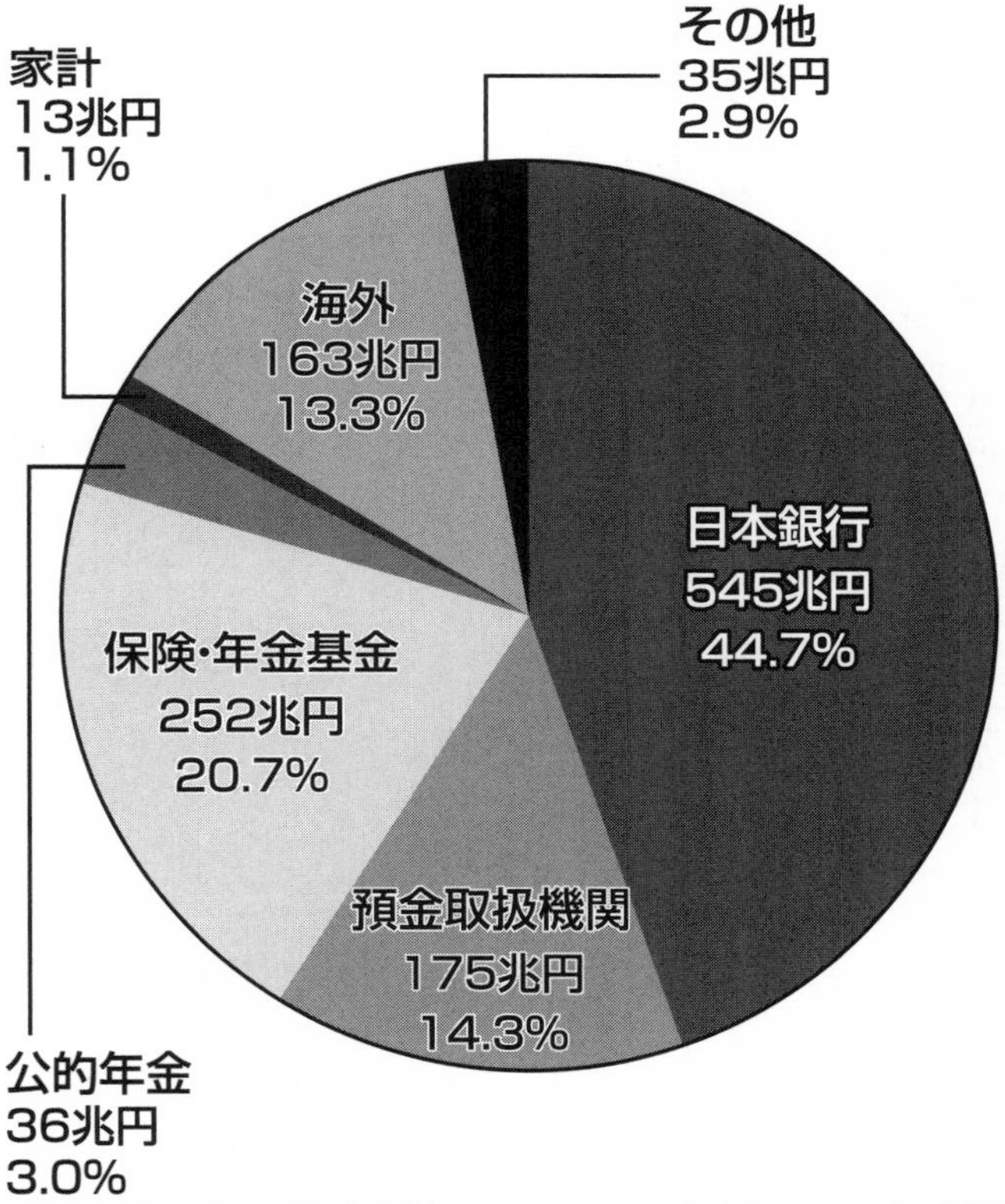

国債および国庫短期証券
合計1219兆9154億円

日本銀行のデータを基に作成

金融の世界には〝リスクフリーレート〟という言葉がある。それは、リスクなしで得られる金利を意味し、自国の国債利回りのことを指す。つまり、金融の常識では国債は安全確実なもので、そのため銀行や保険会社、年金などは何の疑いも持たずに大きなポジションを積み上げるのである。

しかし、その安全確実なはずものが金利上昇になれば大きな損失を出すわけで、それは金融システムの崩壊を意味し、金融危機に直結するのである。

通常、金融危機になった時、政府や日銀が金融システムを支えるために資金供給を行なう。ところが、これから金利上昇によって発生する金融危機は火種が国債であるため、そうも行かない。政府は元々火種を作った側であるし、日銀はそれを金融機関以上に抱えて一緒に危機に陥っているのである。救済措置を受けられずに、破綻する金融機関が続出するだろう。

そして一番の問題は、日銀も破綻する側になるかもしれないということだ。そのような事態は日本の金融システムが機能不全になるわけで、そうなるとどの銀行が破綻してもおかしくない。「三大メガバンクだから安心」ということにはならないのだ。金融システムは数珠つなぎで繋がっており、その要《かなめ》に日銀が存在している。その要がなくなり、数珠つなぎで危機が伝播すれば、金融機関の連鎖破綻が容易に想像できる。

それを止めるために取られる対応は、「預金封鎖」である。一旦、金融システムをストップさせて、再度金融システムを構築させようとするのである。預金封鎖になると、必ず引き出し制限がかかると覚えておいた方がよい。自由に出し入れができる状態であれば、誰もが銀行から資金を引き出そうとするわけで、銀行の連鎖破綻をかえって助長することになる。

そして、日本の金融システムの再構築という規模になれば、すべての金融機関で引き出し制限がかかるはずだ。

引き出し制限によって、最低限の生活費以外、おろせない状態になるだろう。前述したキプロスでは一日三〇〇ユーロと生活費よりも少し多めであったが、日本の場合にはもっと少なく、月二〇万円ほどになるかもしれない。というのも、日本は戦後に預金封鎖を経験しているが、その金額が今の二〇万円相当だったのだ。

戦後の預金封鎖は、一九四六年二月一七日の日曜日に実施された。当時も日曜日は銀行は休みであったから、休日に突然政府から発表され、実質はその翌日から銀行の窓口が閉まったことになる。封鎖された預金から引き出しができたのは、世帯主が月額三〇〇円、世帯員一人に対して一〇〇円が生活費として払い出しが認められ、その他はすべて凍結されたのだ。「五〇〇円生活」という言葉が当時の流行語にあるのは、世帯平均での引き出し額がその程度だったことの現れであろう。

どれくらいの価値であったかを見ると、一九四六年当時、公務員の初任給が月五〇〇円程度だったため、現在の初任給が二〇万円程度と考えると、月額二〇万円ほどの生活だったのである。だから、これを参考にすると引き出し制限で月額二〇万円相当ということだ。

ちなみに、その預金封鎖は一九四八年七月まで、なんと約二年半もの長期にわたって封鎖されたのである。ただ、この期間については二つの考え方がある。

まず一つ目は、今は情報社会だから金融システムの再構築にそれほど時間はかからないという考え方だ。だから、数日から数週間、長くても半年くらいを見ておけば十分というわけである。通常であれば確かにそうであろう。だが、日本の場合は、国が前代未聞の額で借金を抱えているわけで、それに対する金融の再構築にもっと時間がかかるという考え方がある。

すでにご紹介した日本総合研究所調査部主席研究員の河村小百合氏は「日本の財政が破綻すれば、週五万円しか引き出せない日々がずっと続く」（プレジデントオンライン二〇二〇年一二月二四日付）のレポートの中で、日本のケースでは「自力でまともな財政状態を回復できるまで『国内債務調整＋資本移動規制』状態を継続せざるを得なくなるだろう」と前置きをした上で、「その期間（編集部注：資本移動規制の期間）は、八年よりも相当長くなる可能性が高い」と述べている。

資本移動規制、つまり預金封鎖がなんと八年でもすまないというのである。希望的観測は通らないというのである。賢者は、常に最悪を想定するべきだ。

私は、最長で二〇年の預金封鎖も起こり得ると考えている。

戦後の日本では最大九〇%の財産税

預金封鎖が行なわれたとして、それが預金への課税に直結するかと言えば必ずしもそうとは限らない。前述のキプロスのように、一旦預金に課税しようと検討されたものが議会で否決されることもある。預金への課税は、世界経済にかなりの悪影響を与えるため、そう簡単には実施されない。これまで国家破産を経験した国もインフレや預金封鎖までの事態に陥っても、預金に課税までされたケースはかなり少ない。つまり、財産税は限りなく極論なのである。ただ、財産税が実施されなくても、国民は大きな痛手を負うだろう。

ここ日本では、家計における金融資産の構成がほかの国よりもかなり保守的である。個人金融資産一九四八兆円（二〇二〇年一二月末）のうち、一番金額が多いのが現金・預金で一〇五六兆円（五四・二%）と半分以上を占める。そ

家計における金融資産の構成

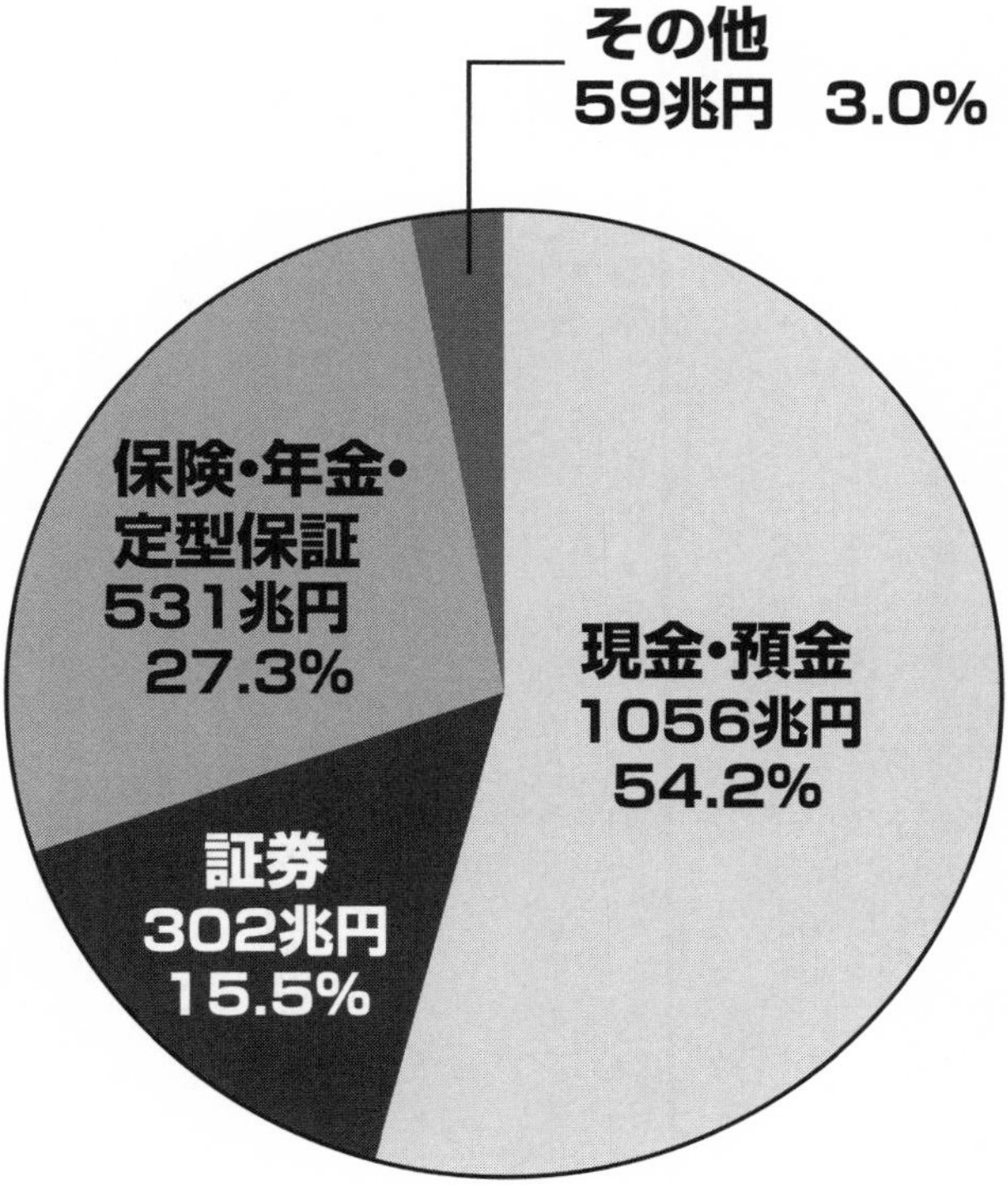

家計　1948兆円

日本銀行のデータを基に作成

して、二番目に多いのが保険・年金・定型保証で五三一兆円（二七・三％）である。すると、一番目と二番目を合わせると八割を超えるのである。そのうち、タンス預金などの現金の部分が一部あるにしても、個人金融資産は先ほどの国債を保有する金融機関に入れている部分がほとんどだというわけだ。

何を申し上げたいかと言えば、インフレと預金封鎖＋銀行の破綻処理を行なうことで、すでに個人は壊滅的なダメージを受けるということである。

シナリオはこうだ。まず、国家破産によってインフレが発生し、通貨の価値が下がる。一九九〇年代までの国の財政が健全で銀行が金利をきちんと付けていた時代は、インフレ率よりも預金金利の方が一貫して高かったために、預金でも財産が目減りすることはなかった。預金がインフレ率以上に増えていたからだ。ところが、これから発生するインフレでは預金金利よりもインフレ率の方がはるかに高くなる。ひょっとしたら、預金金利は今のゼロの状態に抑え込まれるかもしれない。そうなると、これまでの預金はどんどん目減りすることになる。この状態でもほとんどの国民は気付かない（または都合の悪い現実を受け入れられず、気付かないふりをしている)。稼いだ資金のほとんどを、これまで通り銀行に入れるだろう。

そこで、今度は国債の金利上昇による全国規模の銀行破綻である。その時、ペイオフによる預金保護は何の意味も持たない。実施はされるだろうが、インフレによって目減りした価値での一〇〇〇万円を保護されても困るのだ。

たとえば、それまでのインフレによって通貨価値が一〇分の一になっていれば、ペイオフによって保護されるのは現在の価値で一〇〇万円ということになる。残りは銀行の傷み具合によってカットされるのだが、ほとんど戻ってこない可能性もあるだろう。インフレと預金封鎖＋銀行の破綻処理で日本国民はほとんどの資産を失い、壊滅的な状況に陥るのである。

そして、それでも問題が解決しない場合には、最終手段の財産税である。これまで行なわれた財産税の実例を、海外に求める必要はない。戦後の日本が、預金封鎖と組み合わせて行なっているのである。

預金封鎖が行なわれたのが一九四六年二月一七日、その同日に「新円切換」

が発表された。そこから一ヵ月も経たない翌月三月三日に、旧円を（買い物などでは）使用不可にしたのである。使えなくなった旧円は、封鎖されている（引き出し制限がかかっている）銀行に預金されることになり、それも三月七日が最終受入日に設定された。それ以降、旧円は無価値になったということだ。

旧円を使用不可にした三月三日に、保有資産の申告要請を行なった。それは、三月三日の午前零時の時点の資産を国民が各自で洗いざらい記述し、申告するという内容だった。当日の新聞には「臨時財産申告書」という申告用紙まで付いていて、ご丁寧に「之を切り取って御使用下さい」と注記まであったというから驚きだ。それから様々な議論がなされた後、その年の秋一一月一一日に法律第五二号の財産税法ができ、翌日一二日に施行されたのである。

当時、財産税の申告対象となったのは、保有している資産全部である。現金や預貯金はもちろん、株式や保険、不動産、金《きん》、骨董品などありとあらゆる資産であった。逆に、対象にならなかった資産を挙げた方が早い。対象とならなかったのは、次の六つだ。

戦後の“財産税”の税率

対象資産	税率	今の資産規模にすると
10万円を超える金額	25%	4,000万円を超える金額
11万円を超える金額	30%	4,400万円を超える金額
12万円を超える金額	35%	4,800万円を超える金額
13万円を超える金額	40%	5,200万円を超える金額
15万円を超える金額	45%	6,000万円を超える金額
17万円を超える金額	50%	6,800万円を超える金額
20万円を超える金額	55%	8,000万円を超える金額
30万円を超える金額	60%	1億2,000万円を超える金額
50万円を超える金額	65%	2億円を超える金額
100万円を超える金額	70%	4億円を超える金額
150万円を超える金額	75%	6億円を超える金額
300万円を超える金額	80%	12億円を超える金額
500万円を超える金額	85%	20億円を超える金額
1500万円を超える金額	90%	60億円を超える金額

①生活に通常必要な家具、什器、衣服、その他動産で命令で定めるもの
②墓所及び霊廟
③簡易生命保険契約に関する権利
④厚生年金保険法及び船員保険法に規定する年金又は一時金に関する権利及び共済組合の支給する年金または一時金に関する権利
⑤戦争又は災害に起因して死亡し又は傷痍《しょうい》を受け若しくは疫病に罹り、これに因り支給を受ける増加恩給その他これに準ずる年金で、命令で定めるものに関する権利
⑥その他命令で定めるもの

以上の六つに該当しない資産が、すべて課税の対象になったのである。

その税率は、現在の所得税や贈与税、相続税のような超過累進課税方式であった。一〇万円を超える金額に対して二五%、一一万円を超える金額に対して三〇%、五%刻みの細かな段階に分けて税率が上げられており、最大税率は一五〇〇万円を超える金額に対しての、なんと九〇%もの課税であった。

すでに進行中!?　国家破産までのシナリオ

すでにコロナ前に巨大な借金
GDP227%

コロナによる壮大なばら撒き
GDP257%へ

インフレ圧力（金利上昇）

天災 or 台湾有事

国家破産

当時の五〇〇〇円は現代の二〇〇万円ほどだったわけだから、現代と当時との金額では約四〇〇倍の差がある。それで考えると、ありとあらゆる資産を合わせて四〇〇〇万円（一〇万円×四〇〇）を超えていた場合には、財産税の対象になったのである。

財産税は極論であるが、その手前の預金封鎖、あるいはそれよりももう一つ前のインフレでも国民はかなりのダメージを負う。だから、その傾向が出始めた際には、いち早く気付く必要がある。ゆでガエルになっては手遅れなのだ。ところが人間は、「確証バイアス」と「現状維持バイアス」でどうしても変化に気付きにくい。では、どうするのか。事前に、ある程度の対策をとっておくのがよい。まさか起こるはずがないと考えている人でも、一種の保険としてあらかじめ準備しておくのである。次章以降で有効な国家破産対策を紹介するので、何も起きていない今からでも、すぐに取り組み始めてほしい。

第五章　今すぐ始めるべき国家破産対策

〈基礎：国内編〉

人間は真実を見なければならない、真実が人間を見ているからだ。
（ウィンストン・チャーチル）

生き残りたければ「すべてを変えろ！」

新型コロナウイルスの世界的大流行によって、人類が今まで作り上げてきた生活様式の多くは破壊され、あるいは大きく変質を余儀なくされた。経済活動から人々のコミュニケーション、そして国家の有り様《あよう》までもがその影響を大きく受け、「コロナ後」では人々の常識や考え方までもがさらに大きく変わって行くこととなるだろう。

産業革命期に機械化が進展してものづくりに革命が起き、自動車や大型船舶、飛行機の登場によって大規模輸送や移動の時間短縮といった革命が起き、そして人々の世界に対する認識は大きく様変わりした。大量生産、大量消費、規模の経済に基づく新しい常識が人々に根付いて行ったわけだ。

一方、今回のコロナ禍ではリモートでのコミュニケーションや、自宅にいながらにして買い物や仕事まで完結できるという「革命的」と言うべき新たなライフスタイルが確立した。その結果として、今後人類はこうしたライフスタイルに則した新たな常識を獲得して行くことになるわけだ。

また、「あれば便利」な道具としてのＩＴ（コンピュータとネットワークを使った情報技術）は、コロナ後の新時代に適応するために必須の「神器」となった。ＩＴを使いこなせない人は今後、完全に時代に取り残されることになることはほぼ間違いない。すでにワクチン接種の現場でも、パソコンやスマホが使えないがゆえに接種予約に不便を強いられる例がニュースとなっている通りだが、もし読者の皆さんでいまだに「ＩＴなんて所詮《しょせん》おもちゃ」「パソコンやスマホなど使えなくても問題ない」という方がいたら、悪いことは言わない。なるべく早めにその考えを改め、「できる人」に生まれ変わった方がよい。時代に適応することは、何も恥ずかしいことではないどころか、自分が快適に、安全に、社会が提供するものを過不足なく利用し「自分の人生を戦略的優位に進める」ために必須のことだ。

さて、私たち日本人にはこうしたコロナ後の新時代に適応するために、大いに取り組むべき自己変革がもう一つある。本書のテーマから見れば、ここからが本題だ。前章までで見てきた通り、日本の財政は新型コロナによってついに破滅的状況を迎えることが確定的になった。もちろん、コロナ以前から続く政府債務の膨張はすでに危機的だったわけだが、新型コロナ対策での大規模な財政出動がトドメを刺したということだ。

そして、その結果として私たちに襲いかかるのが第四章で見てきた「預金封鎖」「財産税」「ハイパーインフレ」など、国家破産によって引き起こされる典型的な経済災害だ。コロナ後の新時代に適応し「戦略的優位」に人生のコマを進めるには、来たるべき国家破産への対策を万全にすることも必須となるのだ。

そこで本章と次章では、具体的かつ実践的なコロナ後の日本を生き抜くサバイバルの方法、極意について見て行く。まず本章では、対策の「基礎編」として基本的な考え方や心得を紹介し、今すぐにでも取り組める国内で実践可能な対策をいくつか見て行く。

具体的な対策はもちろん重要だが、考え方や心得はサバイバルの基本となる部分であり、決しておろそかにしてはならない。韓国の巨大財閥サムスングループを韓国最大の財閥グループに躍進させた故・李健熙《イ・ゴンヒ》会長は、一九九三年のフランクフルトでの会議で「妻子以外はすべて変えろ」という方針を掲げ、これがサムスンにとっての大きな転換点となった。コロナ後の新世界を生き抜くために、読者の皆さんにもぜひ「妻子以外すべて変える」覚悟で、資産に対する考え方や心得、そして資産内容も全面的に見直していただきたい。

基本的な考え方

国家破産時代に突入すると、今までの常識は完全に覆されることになる。その最たるものが、「国家は信用できる」という常識だ。

今までならこの考え方は通用してきたし、平時であれば「国家を信用しない」などという発想はきちがいじみている。しかし、これからは激動の時代である。第四章で見てきた通り、実に様々な経済災害が私たちの身に降りかかってくるが、実はその多くが「国家の国民に対する裏切り」に発端するものである。元大蔵官僚で財政学者の法政大学・小黒一正教授は、国家破産によって「国家は暴力装置と化す」とその本質を喝破したが、まさにその通りである。

国家は天文学的な債務を減殺するため、国民資産をあらゆる方法をもって徴収しにかかる。国民をだまし討ちしようが裏切ろうが、いちいち気にはしないのだ。となれば、国民の側である私たちも「国家は信用ならない」という考え方を新たな常識に据えて、コトに備えることが肝要だ。

より端的に、具体的に言おう。国内で、人に預かってもらっている財産はその安全性を疑うべきだ。特に国に近い組織、企業ほど疑った方がよい。さらに言えば、銀行、生保、公的機関は危険である。彼らは、法の規制の下で首根っこをつかまれている存在であり、お上の「鶴の一声」で簡単に国民に手の平を返す。よって、もし国内の金融機関に財産があるなら、それは基本的に国家によって没収されることを覚悟した方がよい。当然、銀行の貸金庫や金《きん》業者の預かりサービスなども危険である。実際、一九九八年に起きたロシアの金融危機では、銀行の貸金庫から財産が没収されている。

また、国家破産している日本国内よりも海外の方が資産は安全になるという点も重要だ。もちろん、海外ならどこでも安全ということでは決してないが、日本国内が軒並み最悪な状況であることを考えれば、海外を活用することは国家破産対策の基本となる。「海外の活用」については第六章で詳しく見て行く。

さて、これからの資産防衛を考える上で基本となる重要な考え方を紹介しよう。それは、「お金の基本的な性質が大きく変化する」ということだ。具体的には、国家破産時代においてお金（日本円）の価値は基本的に大きく下がり続けるという点だ。国家破産によって国債と日本円の信用が大きく毀損するのだから、資産としての日本円の価値が著しく下がるのは当然の理だ。

したがって、日本円以外の資産を多く保有することが資産防衛の基本戦略になる。かつてハイパーインフレに見舞われた国々では、市民は自動車や家財、株式、不動産など「物」に換えて資産防衛を図ったが、日本でも同じことが起きるだろう。ただし、どんな「物」に換えるかによっては、まったく意味のない対策となり得る点には要注意だ。

また、日本円から外貨に換えておくのは極めて有効な対策となり得る。実際、ロシアでもトルコでもジンバブエでも、国家破産になった国で生き残った人々は、必ずと言ってよいほど外国通貨をうまく活用して資産防衛を図っていた。

そしてもう一つ、面白い考え方にも言及しよう。それは、国家破産時代は資産を殖やす絶好のチャンスにもなり得るというものだ。今や、中国にも経済規模を追い抜かれ少子高齢化によって長期衰退が決定している日本だが、それでもこの経済規模の国家が財政破綻すれば、その影響は甚大なものとなるだろう。

日本の債務再編や財政再建の進捗いかんでは、世界経済に幾度もパニックを巻き起こす可能性すらある。そして、当の日本国内は極めて深刻なパニック相場を経験するだろう。普通に考えれば恐ろしい話だが、しかしこうした危機的状況は見方を変えれば大チャンスにもなり得るものだ。

有名な相場格言に「資産家は恐慌時に生まれる」というものがある。株価が暴落し、大多数の投資家が瀕死の状態にある中、一握りの者たちがピンチを逆手に大きな利益を上げ、資産家として成り上がるというものだ。二〇〇八年のリーマン・ショックで引き起こされた金融危機では、米ヘイマン・キャピタルのカイル・バス氏が数千億円という巨額の利益を上げ、大資産家として注目を集めた。約一〇〇年前の世界恐慌では、ジョセフ・ケネディがその直前にすべての株式を手放し、その後株価が暴落すると株を買い漁《あさ》って巨万の富を築き上げた。有名な「靴磨き少年」の逸話によって天啓を得たケネディは、その後アメリカの政財界の有力者となり、彼の子であるジョン・F・ケネディは第三五代の合衆国大統領になった。

戦後すぐの日本でも、森ビルの創業者である森泰吉郎が預金封鎖直前に引き出した資金でレーヨンに投資し、レーヨン高騰で得られた利益を元手に虎ノ門などビジネス街の土地を買い漁って行った。高度経済成長によって東京の土地価格は高騰、巨額の利益を手にしたのである。バブル崩壊直後には、森自身の資産は一兆円を超えていたという。

このように、恐慌相場を逆手に成り上がった資産家は枚挙にいとまがない。

もちろん、彼らは天を味方に付けたごく一握りの成功者であり、誰もがそうなれるという話ではない。ただ、〝恐慌相場〟というものはすさまじく振れ幅があるため、狙いが当たれば平時には考えられないようなすさまじい利益を上げることが可能となる。ケネディや森泰吉郎になるのは無理でも、手持ちの資産を五倍、一〇倍にする程度なら十分に現実的だろう。

ただ、ピンチをチャンスに変えるためには周到な準備が必要だ。日頃何も準備をせず、いざ国家破産だ、恐慌相場だとなってもできることはほとんどないだろう。日頃から有事にすぐ動けるように準備しておくことが重要である。

■国家破産対策〈基礎：心構え編〉

国家破産時代に必要となる基本的な考え方を紹介したが、これを基礎とした心構えも見て行こう。激動の時代に必須な人生哲学とも言えるもので、ぜひとも皆さんの心にしっかりと刻み込み、折に触れて思い出していただきたい。

心構え①　あなたのすべてを根本から変える覚悟を持て

本章の初めでも言及したことだが、最も重要なことなので今一度言おう。たった今、この時から、自分の生き方や考え方を完全に変えて新たな自分になる決意をすることだ。その決意とは、「何が何でも資産を守り切って生き残り、国家破産後の世界を笑って迎える」という、確固たるものであることが重要だ。

なぜかというと、激動の時代においては時に困難を伴う過酷な判断を下さなければならない局面にも遭遇するからだ。人から恨みを買ったり、陰口を叩かれたり、さらには命の危険を伴う出来事にも遭うかもしれない。それでも生き抜いて行こうというのだから、不退転の覚悟こそが最後の拠り所となる。

心構え②　徹底した「ドケチ」になれ！

次に重要なのが、徹底した倹約家になることだ。徳川家康は、「質素倹約」を旨として戦国時代を生き抜き、ついには天下統一を為した。信長のような豪放さ、秀吉のような豪華さこそないが、しかし二八〇年におよぶ江戸幕府を築き上げるという偉業を為した根底には、「余計なものには浪費しない」という信念があったのだ。私たちも、国家破産時代という「戦国」の世を生きるのであれば、家康のこの信念を大いに参考とし活用すべきだ。

ただ、倹約と言っても「何が何でもお金を使わない」ということではない。ここぞという時や将来のためになるもののためには躊躇なく使ってしまう思い切りも重要である。自分の能力や人脈を広げたり、生き残りのために有効なものを得るための出費は、いわば「投資」と言ってもよいものだ。メリハリの利いたお金の使い方を心がけたい。

心構え③　情報力こそが適応能力のカギ

情報は、いかなる時代においても、最も重要で強力なサバイバルの道具である。いかに質の高い情報を入手するのか。さらにその情報をどう理解し、活用するのか。極論すれば、この巧拙《こうせつ》によってサバイバルの結果はまったく変わってくることも珍しくない。

現代社会は情報の洪水と言ってよいほどに様々な情報にあふれている。情報を得ることより、むしろ何を「得ない」かという選択の方が難しいぐらいだ。しかし、こと国家破産や恐慌といった話になると、市井にあふれる情報のほとんどは、無為どころか有害ですらあると断言できる。

新聞は、ものによっては多少参考になるが、テレビやネットなどでタダで手に入る情報に有益なものなどまずない。本当に有益な情報を得たいなら、目的に特化した、自分の行動や判断に反映できる実践的な情報を探すことだ。

その点について、私は二〇年以上にわたって国家破産や恐慌での生き残り策を研究・発信してきており、「実践的なサバイバル情報源」として極めて有益な情報を提供していると自負している。私が唯一の発信源というわけではないかもしれないが、そういった情報源をうまく活用することが重要であろう。

心構え④　まず志を立てよ

「何のために生きるのか」という問いは、何も思春期の若者だけに特権的に与えられる命題ではない。何歳になっても、どのような境遇でも、常に自分に問いかけ続けるべきものだ。かく言う私も、六五歳を超えて世間的にはそろそろ引退という年齢に差しかかっているが、まだまだこれからが人生のハイライトであると考えている。人々がより良く豊かに生きる上で有益な情報を発信し続け、日本という国を再び素晴らしい国にするための「人づくり」にも貢献して行くのが、私の「生きる理由」である。

年を重ねてしょぼくれていてもしょうがない。人は死ぬまでは生きねばならないし、どうせ生きるなら何かを為すことを目指す方がよい。社会に貢献するとか、世の中を変えるとかいった壮大な理想である必要はない。身近な誰かの幸せを支えるといったことでも、それは大きな生きる意味であり、あなたの原動力となるだろう。そして、その原動力こそが激動を生き抜く最大の力となる。

心構え⑤　すべてを「自分事」としてとらえよ

国家が国民を裏切るという壮絶な時代において、「他人任せ」「他人頼み」の発想は即座に死を招きかねないほど危険な態度だ。「国が何とかしてくれる」「誰かに任せておけばいい」――その国や誰かが裏切るのだ。そういう「まさか」の事態を想定し、それでも生き残れるように手を打つことが必須である。

そのためには、どんな判断、行動も「自分事」としてとらえることだ。他人を信用した結果うまく行かなくとも当然で、うまく行ったらラッキーぐらいに考えた方がよい。そもそも「リスク管理」とはそうしたものであるし、サバイバル全般における究極の鉄則とは「最後まで信じてよいのは自分だけ」なのだ。

心構え⑥　助け合う同士を見つけろ

これから激動の時代を生き抜くにあたっては、他者との関わりにおいても目的に適した人たちとの関わりを重視すべきだ。国家破産や恐慌をたくましく生き残るのであれば、同じ目的意識を持ちお互いの考え方に共鳴できる同士を見つけることが何よりもあなたを助けるだろう。まさに「類は友を呼ぶ」だが、人は付き合う人たちに影響を受け、考え方や生き方が変わるのである。

「金持ちになりたかったら金持ちと仲良くなれ」という教えがあるが、同じことが恐慌対策にも言える。目的を一つにする人たちからはいろいろな有用な情報も得られやすい上、何か不安に駆られてもそれを解消しやすくもなる。お互いに困った時に、助け合うといったこともしやすい。

私が運営する各種講演会や会員制組織では、まさに国家破産時代を生き抜こうという意識の高い「同士」が集まっており、このような場を通じて、思いを同じくする人同士がつながりあって人間関係を作り上げている。こうした場を進んで利用し、貴重な人間関係を築いて行くことも極めて有益であろう。

心構え⑦　歴史に大いに学べ

事あるごとに繰り返し述べていることだが、歴史には人類の叡智《えいち》が詰まっている。国家破産という、一〇〇年に一度のような出来事であっても歴史を紐解けば何度も起きており、それがなぜ起きるのか、人々がどんな目に遭うのか、どのようにしてその被害を避け得るのかを知ることができる。

そして面白いことに、昔の国家破産と現代のそれを比べても、驚くほどに本質では同じなのだ。「歴史は繰り返す」とはよく言ったものである。言い換えれば、歴史には私たちがこれから経験することの「答え」が記されているのだ。

これを生かさない手はないのだが、大体の人は歴史を一顧だにしない。頼りにするのは「自分の経験」か「他人の話」であることがほとんどだ。残念ながら、数千年の人類の叡智にたかだか数十年程度のたった一人の「経験知」が上回ることなどまずあり得ない。手近なところでは、過去一〇〇年ぐらいの国家破産や恐慌の歴史を調べてみるとよい。私たちが頼りにすべき生き残りのヒントが、数多く見つけられるだろう。

心構え⑧　物事は悲観的にとらえ、対策は現実的に考え、楽観的に行動せよ

歴史に学べば国家破産によって何が起き、どう行動すべきかは明らかなのだが、それでも人間は実際に経験したことのないものに恐怖を不安を感じるもの

だ。こういう時には、起こり得る最も悪い事態を想定して、それにも対応できる現実的な対策を検討するとよい。「ここまで徹底的に検討して、それでもダメなら後は運を天に任せよう」と腹をくくれるまで至ればしめたもの、後は「きっとうまく行く！」と楽天的に考えて対応策を実行に移せばよい。

国家破産という恐ろしい事態を前にして、不安が募るのは致し方ないことだが、クヨクヨ考えても結果が良くなることは決してない。むしろ、果敢に行動した先に未来が待っている。となれば、自分なりに納得の行くまでしっかり対策を検討したら、後は実行に移して大きく構えるまでだ。

地震や台風などの自然災害でも、しっかり準備した者はしっかりと生き抜くことができる。国家破産とて同じことで、明るく堂々と迎え撃てばよい。

心構え⑨　他人がなんと言おうと気にするな

「国家破産に備えている」などという話をすれば、おそらく大多数の反応は「頭は大丈夫か？」「そんな心配してもしょうがない」といったものだろう。中には「自分だけ助かろうというのか」「所詮《しょせん》、お金が惜しいだけ」など、的外れな批判をする人もいるかもしれない。「対策した方がよい」などと提案しようものなら、相当な拒絶反応が返ってくることを覚悟しなければならないだろう。

だからと言って、周囲の反応を気にして対策をおろそかにするのは愚の骨頂だ。あなたの周りの大多数は、国家破産がどういうものかも、それによってどんな厄災に見舞われるかも、対策のやりようがあるということも何一つ知らない。猛獣の恐ろしさを知らない者は、いかに猛獣の恐怖を説いても決して聞く耳を持たない。そして猛獣に出会うと興味本位に自ら手を差し伸べ、腕を食いちぎられる。同様に、国家破産の恐ろしさとその対処の仕方を心得たら、たとえ笑われようが拒絶されようが、やるべきことを粛々《しゅくしゅく》とやるのみである。他人の目など気にしても、何も良いことなど起きないのだから。

心構え⑩ 何はなくとも健康であること

最後に、最も重要な心構えを紹介しよう。それは「健康こそが最大の、守る

サバイバルの㊙ノウハウ　心構え編

心構え①	あなたのすべてを 根本から変える覚悟を持て
心構え②	徹底した「ドケチ」になれ!
心構え③	情報力こそが適応能力のカギ
心構え④	まず志を立てよ
心構え⑤	すべてを「自分事」としてとらえよ
心構え⑥	助け合う同士を見つけろ
心構え⑦	歴史に大いに学べ
心構え⑧	物事は悲観的にとらえ、 対策は現実的に考え、楽観的に行動せよ
心構え⑨	他人がなんと言おうと気にするな
心構え⑩	何はなくとも健康であること

べき財産」ということだ。健康を損なってしまっては、どんなに莫大な資産を守ろうともそれを活かすことはできない。すべての基本はあなたが健康であるという前提の上に成り立つ。健康であってこそ初めてすべての物事が意味を持ち、事を為せるということをとにかく肝に銘じてほしい。

そのため、健康維持のための工夫は、時間もお金も惜しまずにできる限りのことに取り組むべきだ。私は自他共に認める「健康オタク」で、日々の生活に健康維持の習慣を多数組み込んでいる。「温熱療法」「サプリメント」「飲料水」「ビタミン点滴」など様々なものに取り組んでいるが、最近では再生医療に注目し、「幹細胞」「培養上清」なども始めている。私が具体的にどのようなものに取り組んでいるかについては、『あなたが知らない恐るべき再生医療』(第二海援隊刊)に詳しく解説しているので、興味がある方はぜひ一読をお勧めする。

このように、実に多くの健康法に取り組むには時間も費用も莫大にかかるわけだが、私は健康維持という「投資」にはそれに見合うだけの価値があると考える。自分が可能な限りの手を尽くして、最も重要な「自分」という資産をしっかりと守っていただきたい。

国家破産対策〈基礎：国内資産編〉

基本的な考え方と心構えをしっかりと抑えたところで、いよいよ具体的な対策項目を見て行こう。

まずは基礎編として、国内で実行可能な国家破産対策を見て行く。実践方法まで言及しているが、これらの方法は社会情勢の変化は法規制の変更などによっては実行できなくなる可能性もあることにあらかじめ留意いただきたい。

金《きん》（ゴールド）

金《きん》の保有は、資産防衛の王道である。特に、国家破産のような極めて特殊な事情下では、その価値は平時に増して高まるため、何をおいてもまず金《きん》を保有して、対策の一手としたい。

■金《きん》保有のメリットと注意点

人類にとって金《きん》は、長きにわたって富の象徴とされてきた。その起源は、今から約八〇〇〇年前のシュメール文明にまで遡るという。人類の文明初期から、人々は金《きん》に資産価値を認め、扱ってきたと言っても過言ではないだろう。

その唯一無二の輝きと希少性、物質としての安定性、加工の容易さから通貨として（あるいは通貨発行の担保として）利用され、そして現代では精密機器や宇宙関連などでの工業用途での重要性などが見出され、金《きん》は人々を魅了し続けてきた。おそらく、もはや人類には根源的な部分に金《きん》が貴重なものという刷り込みがなされているのではないかとすら考えられる。

これだけ絶対的な価値を有する金《きん》だが、その価格は一定不変ではない。時代に応じて、相対的にその価値が低く評価されることもあった。近年では第二次世界大戦以降二〇〇〇年代に入るまで、金《きん》価格は相対的低位に甘んじてきた。

例外的に二度のオイルショックでは一時的に高騰し、「有事の金《きん》」の面目を保った格好であった。ただ、その流れは「9・11」以降大きく変わる。ITバブルの崩壊、イラク戦争、リーマン・ショックと金融危機、世界規模の金融緩和という不穏な時代を背景に、金《きん》の価値は大きく見直されることとなった。

そして現在、世界的な新型コロナウイルスの蔓延は人類を不安の底に叩き落し、新型コロナ対策として世界各国が財政出動や金融緩和を続けたことで莫大なお金が発行され、世界的なインフレ基調が生まれた。また、コロナ禍の経済によって新たな貧困層が大量に生み出された一方で、富裕層はさらに富み、経済格差の拡大は深刻になっている。

格差は人だけに留まらない。富める先進国がいち早くワクチン普及でコロナ禍を脱し、経済復興の果実を謳歌する一方、途上国では新型コロナ対策もままならず、経済回復に遅れを取る状況となっている。国家間格差が拡大し、世界は次の危機に向けて極めて危険な空気を漂わせ始めている。

こうしたことを考えると、金《きん》の価値はこれから当面の間さらに高まって行く可能性が高いと見られる。また、金《きん》価格は国際的な市場で決定されているため、世界どこでも米ドル建てで見れば似たような価格で取引される。もし、日本が国家破産すればその時日本円の価値は大きく毀損するが、金《きん》価格は日本円建てで見ればウナギ上りとなるだろう。

　こうして見て行くと、国家破産対策において金《きん》はメリット尽くしで、これさえ持っておけば間違いなしのように思われる。しかしながら、世の中そう簡単ではない。金《きん》には、ほかの資産にはない固有のリスクが存在するのだ。

　平時ではあり得ないことだが、金《きん》には政府による「没収リスク」がある。特に国家破産のような非常事態には十分意識しなければならない。歴史を振り返れば実に様々な国で金《きん》の供出や没収が行なわれているのだ。

　最も有名な例は、なんと自由の国アメリカでの出来事だ。世界恐慌後の一九三三年、アメリカにおいて国民の金《きん》保有を禁じ、保有者に不利な交換レートで金《きん》を供出させる大統領令が発布されたのだ。

　実は日本でも、金《きん》没収が行なわれたという事実がある。それは戦後間もない一九四六年、ＧＨＱが進駐した際のことだ。ＧＨＱが全国の豪商や豪農など資産家を回って蔵を開けさせ、金《きん》や銀といった現物資産を接収して行ったのであ

資産としての金《きん》のメリットとデメリット

○メリット

・歴史に裏打ちされた「絶対的」価値

・コロナ後のインフレ経済下での
上昇期待

・米ドル建てである
→国家破産対策に最適

×デメリット

・没収リスク

・可搬性の低さ、管理の煩わしさ

・偽物流通の可能性
→有事には使用できないことも

る。現在ではほとんど語られることがないが、すでに日本には「前科」があるのだ。そして実際、日本における金《きん》保有はかなりの部分が「紐付き」の状態である。現在日本では、二〇〇万円を超える金《きん》の売却は税務当局に報告されるほか、「犯収法」（犯罪収益移転防止法）を根拠として業者での取引履歴の保管が義務付けられている。購入時に虚偽の申告をするのでもなければ、金《きん》の保有者はあらかた捕捉可能なのだ。となれば、有事に政府が金《きん》供出を迫ってくることは十分に考えられるだろう。これに対抗するには、五〇〇グラムや一キログラム単位の金《きん》地金ではなく、金貨など小さい単位で金《きん》を保有することが有効だ。

また、金《きん》は歴史的に見ても偽物の流通が多い。最近でも、タングステンという金《きん》と比重が近い物質を使った偽物が作られるという事例があるが、これは素人のみならず一般の販売店レベルでも判別が難しいものだという。もちろん、鋳《い》つぶせばわかるため専門業者でなら確実に判定可能だが、それでも有事には偽物の流通を警戒する業者が増えるため、時期によっては正規ルートの金《きん》取引は難しくなることを覚悟した方がよい。もちろん、ヤミ業者に持って行けば融通は利くだろうが、足元を見られてぼったくられる危険性もある。

つまり、有事に換金してサバイバル原資とするには、金《きん》は扱いづらいのだ。したがって、国家破産のドサクサが過ぎ去り、ある程度経済が落ち着いてからの生活再建資金として位置付けた方がよいということになる。

さらに金《きん》は、持ち運びづらく保管場所にも注意が必要となる。特に、キロ単位のまとまった量になると、イザという時これを持ち運ぶのはかなり大変な上、たとえば国外に持ち出そうと思ってもセキュリティゲートで確実に検知されてしまう。そうした意味でも、国内に置いておいて長期保有するのが適切だ。

こうした注意点を総合すると、金《きん》は国家破産対策として極めて有効だが、あまり大量の保有はしない方がよい。資産全体の一〇～二〇％程度を一つの目安として保有するのがよいだろう。自宅庭の地中に埋めるという手もあるが、その場合、絶対にボケないように気を付けないと、せっかくの資産のありかがわからなくなってしまう。

さて、没収リスクという観点で言うと、実は裏ワザ的な方法だが一つ面白い手がある。それは「貴金属ファンド」というものを海外に保有するというものだ。これは「海外の活用」による資産防衛策であるため、詳しくは第六章で見て行くが、海外に金《きん》をはじめとする貴金属の「現物」を持つのに近い効果が期待できるというものだ。国内の金《きん》現物と海外の「貴金属ファンド」を一：一の割合で保有すれば、かなり手堅い資産防衛策となるだろう。

■どんな金《きん》を持つべきか

次に、どんな金《きん》を持つべきかを見て行こう。近年では金《きん》の保有方法も多様化が進み様々な選択肢があるが、国家破産対策として選ぶなら「現物」一択である。金《きん》業者が行なっている純金積み立てや金《きん》の預かりサービス（特定保管や消費預託と呼ばれるもの）や、証券会社で取引可能な金《きん》ＥＴＦでは意味がない。国家破産の有事には、やろうと思えば国が統制・没収することは極めて容易だからだ。国家破産対策の基本は、資産を「自分がコントロールできる状態」に置くことである。金《きん》現物なら、手元に置いていつでもコントロールできる。

さて、現物の金《きん》は大きく分けて、「地金」「コイン」「宝飾品」に大別される。まず金《きん》地金だが、五グラム、一〇グラム、二〇グラム、五〇グラム、一〇〇グラム、二〇〇グラム、三〇〇グラム、五〇〇グラム、一キログラムなどの種類がある。ただ、五〇〇グラム未満の金《きん》地金は一般的に取引される規格ではないとされ、「バーチャージ」と言われる手数料が購入時、売却時の両方にかかる。往復で一本あたり一〜二万円ほどもかかるため、割高となってしまうがその分売買はしやすくなる。また、地金価格は「小売価格」と「買取り価格」があり、その差額（スプレッド）が業者の手数料となる。

金《きん》地金には品質保証のための刻印が打たれ、地金を製錬した会社の商標、品位（純度）、重さが明示されるほか、金塊番号が振ってあるため真贋《しんがん》判定にも用いられる。地金の主要ブランドは、国産ブランドでは田中貴金属、徳力本店、三菱マテリアルなど国内で十数社、また国内で取扱われる海外ブランドも「UBS AG」（スイス）や「JOHNSON MATTHEY」（ジョンソン マッセイ。カナダ、香港などで展開）など二〇社前後ある。主要ブランドはいずれも信用度が高く安心だが、海外ブランドは金密輸《きんみつゆ》が盛んだった時期に日本国内での買取りが著しく制限された経緯があるため、国内での保有にあたっては購入時の書類をしっかり保管しておくなど十分に対策することをお勧めする。

金地金《きんじがね》は主要都市の宝飾品店や時計店、メガネ店など全国で取扱われており、比較的入手しやすい。もちろん、田中貴金属や徳力本店、三菱マテリアルのような大都市に直営店を持つ地金商なら、専門スタッフが様々な質問や相談を受けてくれるため安心感は高い。また、最近ではインターネットを使った通販を行なう店もあり、実に多様な買い方ができる。

購入にあたっては、もちろん信頼できる店から買うことが大原則だが、売却時のことも合わせて確認しておいた方がよい。「指定社以外のものは取扱わない」という取扱い店も存外多いためだ。また、発行される保証書や領収書の類は合わせてしっかり保管しておくことも重要だ。これがないために買取りを断られたり、「スクラップ金《きん》」として安いレートでの買取りを余儀なくされたりという例もあるという。

次に金貨（コイン）を見て行く。金貨には、主に「一オンス（トロイオンス）」「二分の一オンス」「四分の一オンス」「一〇分の一オンス」という種類がある。地金のようなバーチャージがかからず、より少額での購入に適している形態だ。なお、一トロイオンスは三一・一〇三五グラムであるから、一オンス金貨でも二五万円程度から購入可能だ（二〇二一年六月現在）。有名どころでは、「メイプルリーフ金貨」（カナダ）、「カンガルー金貨」（オーストラリア）、「ウィーン金貨」（オーストリア）などがあるが、それ以外にも世界各国で独自の金貨が作られ、流通している。もちろん日本でも「天皇陛下御即位記念」「万博記念」「東日本大震災復興事業記念」などの記念金貨が作られ、販売されている。

金貨は少額から買えるのがメリットだが、もちろんデメリットもある。まず、売買価格差（スプレッド）が大きいことだ。金《きん》地金のスプレッドは一グラムあたり数十円から一〇〇円前後が一般的だが、金貨の場合一〇分の一オンスで二〇〇〇円前後（一グラムあたり七〇〇円前後）と地金の数倍の価格差がある。また、金貨は精巧なデザインが施されており、加工費（プレミアム）が上乗せされているため割高になっている。もちろん、売却時にもプレミアムは乗るが、傷を付けてしまうとプレミアムがなくなり、かなり割安に買い叩かれてしまう。このため、保管には細心の注意を図る必要がある。

また、金貨はコレクションの対象としても流通するため、アンティークコインなどの希少な金貨には人気に応じたプレミアムが上乗せされることもある。こうしたものを狙って行く「コイン投資」なるものも存在するが、資産運用としての妙味はあっても財産防衛の観点ではハッキリ言えば必要ではない。それよりも、安定的にある程度の数が流通している「有名どころ」の方が安心である。

そして「宝飾品」だが、これは指輪やネックレス、置物などの類だ。複雑な加工を施してある分、コインと比べてもさらに割高であることが多い。また、ものによっては純金ではなく別の金属を配合したりつなぎ合わせたりすることもある。出所が明らかな品物であっても、使用歴があるようなものはやはり安く査定される傾向にある。品質（純度）の保証が難しいことから、鋳つぶして正味重量で計算しなおすといった手間がかかる場合もあるため、そうした工賃などもも余計にかかることになる。

身に着けて避難することができ、取り回しの良さはあるが、積極的に資産防衛の主軸に据えることはお勧めしない。

■金《きん》の買い時について

金《きん》にも市場があり、価格が変動するわけだから、「買い時」というものは確かにある。しかし、年中相場に張り付いて取引するプロでもなければ、本当に安いタイミングを狙い撃ちすることはまずできないだろう。一番賢明なのは、少量を定期的にコツコツ買い増して行くという方法だ。いわゆる「ドルコスト平均法」の考え方で、高い時も安い時も同じ額を粛々と買えば、結果的にその間の平均価格で買えることになる。あくまで目的は資産防衛であるから、「割高をつかまない」ことだけ注意すればよく、やり方としてはこれで十分である。

とはいえ、「それでも安く買いたい」というのが人情だ。そこで一つの方法を紹介しておこう。それは「恐慌時の金《きん》買い」だ。

実は、「有事の金《きん》」と言われる金《きん》の価格は、恐慌局面において面白い動き方をする。恐慌中ずっと上昇するのではなく、恐慌の初期から中期にかけて一時的には逆に下落するという傾向があるのだ。二〇〇八年のリーマン・ショック前後を見てみると、二〇〇八年八月の金《きん》価格は一トロイオンス＝八三〇〜九一〇ドル程度だったが、翌九月には六八一ドルという最安値を付けている。

日本においても、八月まではおおむね一グラム＝三〇〇〇円台で推移していたが、九月には二二九九円と二五％近くもの下げを記録している。そして、その後数ヵ月で急回復し、以前の価格を大きく上回っているのだ。

これは、恐慌特有の金《きん》の動きによるものだ。恐慌初期、金《きん》を保有する金融機関や企業などは、急激な資金繰りの悪化によって現金化しやすい金《きん》をやむなく手放すことが多い。大量の金《きん》売りが出れば当然相場が下がるわけだが、これは一時的な現象で、恐慌が進むと「有事の金《きん》」の格言通り、資産を防衛するために金《きん》買いが集中するようになるのだ。恐慌局面に普遍的な「資金繰り悪化」が招く現象だから、ある程度狙いやすいタイミングと言えるだろう。

ただし、ある意味「博打《ばくち》」のようなタイミング勝負の入手法であり、本来の資産防衛の主旨からは外れるやり方である。あくまでも参考程度として考え、やるとしてもごく一部の資金を振り向けるに留めるべきだろう。

ダイヤモンド

■ダイヤモンド保有の利点

二つ目の対策法を紹介しよう。それは、「ダイヤモンド」だ。おそらく、意外に思われる読者の方は多いのではないかと思う。私も数年前までは、ダイヤモンドが資産防衛に役立つとは考えていなかった。それは、ある問題点によるものなのだが、数年前巡り合うことができたある人脈を通じてその問題点が解決し、これからはダイヤモンドも有用だと判断したのだ。

私は、かねてからダイヤモンドには注目してきた。金《きん》とは異なる利点を持ち、日本国内で資産防衛を図るには好適な条件が多かったためだ。金《きん》が有事の資産として極めて有用なことは前述した通りだが、一方で運びづらさや管理のしづらさ、没収リスクがあり、全面的に頼ることはできないという問題がある。この問題点を、ダイヤモンドはうまく補完できるのである。

まず、金《きん》同様に高価だが、圧倒的に小さく軽い。金《きん》は、一グラムが七五〇〇円程度（二〇二一年六月現在）であるのに対し、ダイヤモンドは一カラット（〇・二グラム）の国内平均買取り額が六〇万円前後（ただし専門業者経由、一定品質以上に限る）で、なんと約八〇倍もの価値があるのだ。ダイヤモンドは炭素でできているため、当然金属探知器などには反応しない。物質としての安定性が高く、劣化しにくく保管性も高い。

また、ダイヤモンドは当局が注目して没収・徴発する危険も極めて小さいのが魅力だ。金《きん》はどこの国でも金融資産として当局の捕捉対象になっているが、ダイヤモンドは日本をはじめ多くの国で「宝飾品」扱いとなっている。つまり、当局が没収対象とする可能性が低いということである。私が懇意にする税務の専門家も同様の見解で、恐らく国家破産時に没収される可能性は極めて低いと考えられる。まさしく、金《きん》を補う性質を見事に網羅しているのだ。

■ダイヤモンド保有の注意点は、「どこで買うか」だ!!

しかしながら、ダイヤモンドには資産防衛として役立てるためにいくつか注意すべき点がある。ダイヤモンド最大の注意点は、普通の宝飾品店で買うと買取り時の価格は著しく低い、あるいは最悪買取りすらしてもらえないということだ。一例をあげると、ある著名な外資系宝飾品店では一カラットのダイヤモンドが入った指輪などの店頭価格は三〇〇万円程度が相場となっているが、これを購入し後日買取りしてもらおうとすると、数分の一程度しか値が付かない。「それではまったく意味をなさないではないか！」とお思いだろう。そう、これではまったく意味がないのだ。どんなに高級な店だろうが、普通の宝飾品店ではダメなのだ。

どういうことかというと、通常の宝飾品店は加工済みのアクセサリーを売り切ることを商売としている。そのため、一度売った商品を買い戻してまた売るということをほとんど想定していない。よほどの希少性があり、再加工しても十分に買い手がつく品ならまだしも、一カラット程度のありふれたダイヤモンドであれば、新品を仕入れて加工して売る方が商売になるのだ。

しかし、ダイヤモンドを扱うプロの専門業者たちの中には、「二次流通」と言って適正価格で良質なダイヤモンドを買取り、専門オークションを通じて別の業者に売ることを生業にしている人たちもいる。ダイヤモンドの業界ではそうしたオークションを厳格に運営しており、そこに出入りする業者も限られるが、しかしそのおかげで取引価格は適正で比較的安定しているという。

そして、最も驚くべきは「ラパポート」という平均価格レポートの存在だ。これはニューヨークのオークションを調査したレポートで、業者間の取引価格を定期的にヒアリングし、ダイヤモンドの大きさや品質ごとに平均価格を集計し発表しているもので、本当のプロの間では知らない者はいないというものだ。

つまり、私たち（や普通の宝飾品店）が知らないだけで、ダイヤモンドには新品でなくとも適正価格で売買ができる仕組みがすでにあるのだ。

これを活用しない手はない！　ということでいろいろ調査したが、素人が簡単にアクセスできるような世界ではないことがわかった。様々な業者にもあたってみたが、数年前ようやくとある人脈を通じて専門業者とやり取りができるルートを確保することに成功した。日本国内でもその業者以外にアクセスできるルートがあるかもしれないが、今のところ私の知る限りでは個人レベルでやり取りができるのは、その一社のみである。その専門業者にダイヤモンド業界の仕組み、オークションについて、価格のカラクリなどをいろいろと教えてもらったが、衝撃的なことばかりだった。特に価格については驚愕《きょうがく》で、先述の「ラパポート」を特別に見せてもらったところ、デパートや有名宝飾ブランドの店頭価格の三分の一程度（あるいはそれ以上）の安さだったのである。

さらに衝撃的だったのは、その業者の方の話では、宝飾品業者が参加するオークションではラパポートのさらに半額程度で取引されることもザラなのだということだ。もちろん、オークションで取扱われるのは「ルース」と呼ばれる石単体であり、宝飾品はそこから加工、装飾し箱詰めし店舗で売り、と多くのコストが積み上がるため価格差があるのは当然なのだが、それにしても原価率が三割程度というのはなかなかのものである。

残念ながら、既存の宝飾品販売会社やデパートなどは、こうした「二次流通」の仕組み自体を知らない、あるいはこうした仕組みにアクセスできないケースがほとんどだという。このあたりの話は、ダイヤモンド流通の歴史と深い関わりがあって非常に興味深いのだが、大分長い話になるのでここでは割愛する。興味がある方は拙書『有事資産防衛 金《きん》か？ ダイヤか？』（第二海援隊刊）に詳しいのでご参照いただきたい。

つまり、このようなカラクリがわかっていて、オークションにアクセスできるプロがいれば、普通なら活かしようのないダイヤモンドを資産防衛に活用できるのだ。この点こそが、唯一にして最大のポイントである。

私は、かねてから金《きん》とは異なる現物資産としてのダイヤモンドの可能性を模索してきたが、このほどようやく懸案であった格安価格での売買ルートを確保することができた。そこで、ダイヤモンドでの資産防衛に興味がある方のために、そうした情報をお伝えする「ダイヤモンド投資情報センター」を開設した。巻末にその情報を掲載しているので、ぜひご参考いただきたい。

■ダイヤモンド活用で注意すべきいくつかのこと

最大の注意点について説明したが、ダイヤモンドを活用する上での注意点をもう少し見て行こう。まず、ダイヤモンドはプロ向けのオークションを通じてもやはり売買価格差は大きいことに注意したい。おおまかには二、三割程度の価格差がある。簡単に言えば買ってすぐ売った場合二、三割損をするということだ。ただ、ダイヤモンドの相場もインフレなどの経済要因で大きく変化する上、原則は米ドル建て価格が基準となるため、国家破産のような事態になれば日本円建ての価格は大きく跳ね上がることになる。したがって短期保有ではなく、本腰を入れた国家破産対策として長期保有するのが正解だ。

また、意外な注意点として〝紛失のリスク〟がある。多くの専門業者に話を聞いたが、紛失リスクはほぼ必ず指摘される。つまり、それだけ紛失事故が多いということなのだ。軽く小さく、金属探知器も効かないのだから、確かになくしたら見つけるのは至難だろう。

その他に、温度も注意である。通常の温度では問題ないのだが、冷凍庫にしまっておいて変色したという例がある。また表面温度が八〇〇～九〇〇度を超えると気化が始まる上、熱伝導率が高く、直火でなくとも高温下で気化、消失する危険がある。つまり、長時間の火事などにはくれぐれも注意が必要なのだ。

■どんなダイヤモンドが資産防衛に適切か

いよいよ具体的に、「どんなダイヤモンドを選ぶべきか」に話を移そう。ダイヤモンドは金《きん》などと異なり、一つひとつが唯一無二のもので、大きさも品質も異なる。そうした中から、資産防衛の観点でどのようなものを選ぶべきなのだろうか。前述の業者によると、売却のしやすさを念頭にオークションで取引されやすいものを選ぶのが良いとのことだ。

まず、指輪などアクセサリーになっているのではなく、「ルース」（石単体）が条件だ。加工済みのものは加工費をはじめ金額が相当上乗せされているため、売買価格差が開きやすい。加工の際に傷が付くこともあり、評価価値が下がってしまう恐れもある。オークションでは石しか評価されないため、余計な装飾などはない方が良いのだ。もし、宝飾品としても使いたいならば、ルースを買って腕の良い格安の加工業者に作ってもらうことだ。

また、偽物でないことはもちろんのこと、品質が保証されていることも重要だ。具体的には、アメリカの鑑定機関による「ＧＩＡの鑑定書」が付いているものが良い。オークションで取扱われるものの多くがＧＩＡの鑑定書であるためだ。日本ではＡＧＬ（宝石鑑別団体協議会）が鑑定を統括しており、オークションに出せないわけではないが、将来的に海外に持ち出す可能性も考えると、ＧＩＡを選択した方が有利だ。

サイズも重要だ。ダイヤモンドは大きいほど希少価値が上がるが、資産防衛においては流動性と資産維持性のバランスが重要だ。その観点では、重さ「一～二カラット」程度、クラリティは「ＶＶＳ２」以上、カラーは「Ｆ」以上、カットは「Ｇｏｏｄ」以上のものが良い。なぜこのくらいの品質、重さが良いかというと、需要も供給もそれなりに多いため比較的価格が安定しており、ゆえに売買価格差も著しく乖離することが少ないためだ。

なお、こうした条件を満たすダイヤモンドのアクセサリーは、一般では前述の当社で開設した「ダイヤモンド投資情報センター」で提供する金額の二倍〜二・五倍、あるいはそれ以上の金額で売られているという。ある専門家の経験談によると、重さが一カラット、クラリティがVVS1、カラーがEのダイヤモンドの指輪を「ダイヤモンド投資情報センター」（巻末をご参照下さい）では約一二〇万円で売っているが、銀座の有名宝飾店では同グレードのダイヤモンドの指輪が約五〇〇万円で売られていたそうだ。

このように、ダイヤモンド業者のオークション相場は一般の宝飾店より相当安い。したがって、やり方次第では有利に購入することも可能となる。

最後に、資産に占めるダイヤモンドの保有割合にも言及しておこう。金《きん》を補完する資産という位置付けで、全資産の五〜一〇%程度が妥当だ。私のお勧めは全資産の七・五%だ。一億円ある方は、七五〇万円をダイヤモンドに振り向けるということだ。この時、大きいダイヤモンドを一つ買うのではなく、小粒のダイヤモンド（と言っても一カラット以上）を複数持つ方が良い。小口で現

ダイヤモンド資産防衛〈実践法〉

ルース（石単体）で購入

宝飾品ではなく、専門業者から購入

売却ルートが確保されていること

全資産の5～10%以内を目安に保有

以下の要件を満たすダイヤモンドであること

- カラット（重さ）　1カラット程度
- クラリティ（透明度）　VVS2以上
- カラー（色）　F以上
- カット　Good以上
- GIAの鑑定書付きが必須

金化でき、また万が一の紛失リスクの分散にもなるためだ。さらに、ダイヤモンドを小口分散しておけば、子や孫への財産贈与や相続の際にも取扱いしやすい。一カラットのダイヤモンドは先ほどのような特殊なルートを通せば一〇〇万円前後で購入できるため、贈与税の非課税枠に収まるのも贈与に好適な点だ。

繰り返しとなるが、ダイヤモンドを国家破産対策に活用する場合には、適切な購入ルートの確保こそが成功のカギとなる。ここを間違わなければその他のことはほぼ心配ないが、間違ってしまえばどんなに素晴らしいものを選んでも目的に適うことは決してない。ダイヤモンドによる資産防衛に関心がある方は、ぜひ一度「ダイヤモンド投資情報センター」までご相談いただきたい。

米ドル

国家破産対策の三つ目は、「米ドル」だ。日本円の価値が暴落しても、資産が米ドルならその価値を守ることができ、日本円で見れば相対的に価値が上がるからだ。米ドルも金《きん》と同様に様々な持ち方があるが、それぞれに一長一短があるため、それらに留意して上手に対策を進めたい。

■米ドル現金

最初に挙げられるのがキャッシュ（現金）だ。金《きん》の保有でも言及したが、手元においてコントロールできる点が何よりのメリットだ。また、国家破産に陥ると、「ドル化」と言われる現象が起きることが知られており、これに対応するにも有効だ。「ドル化」とは、国家破産によってその国の通貨の信用が失墜すると、自国通貨の代わりに米ドルが流通するようになるという現象である。第一次世界大戦後のドイツ、一九九八年にデフォルトしたロシア、二〇〇九年にハイパーインフレに見舞われたジンバブエなど、米ドルが日常生活で流通した例は枚挙にいとまがない。

米ドルの入手方法はいたってシンプルで、空港などの両替所、銀行の窓口、大手の金券ショップなどで両替できるほか、最近では外貨引き出しが可能な両替機が街角に設置される例も増えてきた。またインターネットを通じて外貨両替を行なうサービスも流行っており、両替手数料の安さから人気を集める業者もある。手数料と利便性を比較しながら、うまく両替を進めると良いだろう。

保有する金種は、できれば一ドルや二ドルなど小額紙幣を中心にした方がよい。これには二つの理由がある。国家破産時に米ドルが使えるようになるとは言っても、相手が米ドルのおつりを持っている可能性は高くない。たとえば五ドル分の買い物に一〇〇ドル出した場合、おつりが日本円しかなければ九五ドル分の日本円を受け取ることになるが、そのお金はあっという間に減価してしまうことになるだろう。そうならないために、小額紙幣を多く持っておくのだ。

もう一つの理由は、新札切換だ。一〇〇ドルなどの高額紙幣は、偽造などのリスクに対応するため新デザインへの切り替えが比較的短いサイクルで行なわれる傾向にある。旧札が即座に使えなくなることはないが、ある程度古いものになると断られる可能性が出てくる。銀行などで新札に交換してもらう手もあるが、外貨現金は手数料が割高であるため、やはり小額紙幣の方が有利だ。

では、資産のうちどの程度の割合を米ドル現金にすればよいかだが、億単位の資産家でなければ、基本的には現在の生活費で三〜六ヵ月分程度もあれば十分だ。それでも、小額紙幣を中心に用意しようとすれば一度に用意するのは至難だろう。近年、外国人による日本国内での犯罪が増え、外貨現金が悪用される例が散見されたため、金融機関ではまとまった量の外貨現金引き出しに厳しい目を向けているためだ。準備するなら、小額をコツコツと両替し、準備して行くのが賢明だろう。

■外貨預金

次に銀行の外貨預金だが、基本的にこの方法は資産防衛策としてお勧めしない。預金封鎖と財産税で没収されるリスクがあるほか、外貨預金は預金保護の対象にならないため、銀行の倒産によってなくなってしまう危険もあるためだ。定期預金を組んでも大した利子も付かず、良いことはほとんどない。

唯一、インフレ対策としては意味があるが、それも預金封鎖や財産税がなく、銀行も潰れなければという話だ。どうせ外貨預金を行なうなら、第六章で紹介するように海外を活用した方がよほど意味のある対策となるだろう。

■外貨ＭＭＦ

証券会社の外貨ＭＭＦによって米ドルを保有するという手もある。こちらは外貨預金より幾分マシである。預金保護に相当する「投資者保護基金」の保護対象となるほか、利子も外貨預金よりマシである。また、応用技になるが米国株式に切り替えることも容易な点は見逃せない。

ただし、銀行と同様に当局による規制や徳政令のような措置が取られるリスクはある。また、引き出して使いたい場合は銀行より手間がかかる（まず証券会社から銀行に送金し、さらに銀行から引き出す必要がある）。現金で管理しきれない部分を置いておくに留めるのが賢明だろう。

■ＦＸ

ＦＸで米ドルを持つという方法もあるが、これは「番外編」というべきものだろう。そもそもかなり投機的性質が強いため、為替動向などを機敏に見極めて取引する必要がある。また、証券会社と同様に現金化は手間がかかる。国家破産対策という目的には適さないだろう。

現物資産は、保管場所に注意

国内でできる基本的な国家破産対策は、いずれも「現物を自己保有」というのが前提になっている。銀行の貸金庫などに保管していては、イザという時差し押さえられるなどの危険があるためだ。ただ、そうすると一つ大きな問題に行き当たる——「どうやって安全に保管するか」という問題だ。

国家破産で治安が悪化すれば、空き巣や強盗といった犯罪も激増する。金《きん》にせよダイヤモンドや米ドル現金にせよ、自宅にまとまった資産を置いておくならこうした犯罪への対処も十分に検討しなければいけない。

対策として取り急ぎ思い付くのは、金庫だろう。しかし、ただの金庫をわかりやすいところに設置したのではまったく意味がない。「ここに財産が入っています」とわざわざ教えるようなものだし、普通の金庫はプロの泥棒にとって実に扱いやすい相手なのだ。実は、二〇〇〜三〇〇キログラム程度の金庫なら、傾けて底面を浮かせ、台車を差し込んで運び出すこともできるし、一般的な構造の金庫はコツさえわかればバールでこじ開けるのも簡単なのである。

　したがって、金庫で対策するなら次のようなことを検討する必要がある。まず、金庫は通常の耐火金庫ではなく、特殊な構造でこじ開けができない「防盗金庫」にすることだ。それも軽いものではなく、一トンクラスのものが望ましい。一トンともなると、特殊機材がなければ運搬ができないため安心だ。ただ、費用が数百万円程度かかる上、設置場所はかなり限定される（鉄筋のマンションでも簡単に床が抜けてしまう）ため、難しければ軽めのものをわかりづらい場所に設置するのがよいだろう。さらに、内部から建物の躯体《くたい》にボルト止めするなどするとよりよい。

　また、発想を変えて貸金庫やレンタルボックスなど「自宅外」を活用するのも有効だ。ただし、銀行など金融機関の貸金庫や大々的に宣伝しているところはやめた方がよい。あまり世の中には知られていない、しかしセキュリティが強固なレンタルボックスなどは極めて有効だろう。

国内でできる〝攻めの運用法〟

ここからは「基礎編」ではないため、簡単に触れるに留めておくが、国内でできるその他の資産防衛法についてざっと見ておこう。基本的な考え方で「ピンチはチャンス」ということに言及したが、まさにそれを実践する方法だ。

一つ目は、「株式投資」だ。国家破産によってハイパーインフレが到来すると、株式市場も大きく上昇することがわかっている。太平洋戦争後の日本でも、高インフレ期には株価が著しく上昇しているし、一九八〇年代に高インフレに見舞われたイスラエルや二〇〇〇年代後半のジンバブエのハイパーインフレ、第一次世界大戦後のドイツでも同様の現象が確認されている。まさに「激動を逆手にチャンスをつかむ」ことができるのが株式投資というわけだ。

また、意外に思われるかもしれないが、株式市場は経済が混乱する時期でも開いていることが多い。思いのほか、流動性が高いという特徴もあるのだ。

そして、これも意外かもしれないが、株式は徳政令によって没収されるリスクも相対的に低い。どういうことかというと、保有株式に財産税をかけたり没収をしたりすれば、投資家が一斉に株式を手放し暴落相場が形成される危険がある。最悪、企業の連鎖倒産が起きる危険もあり、財政再建を目指す国家として「金《きん》の卵を産む鳥」を殺しかねない。したがって、政府としてもあまり苛烈な手を打ちづらいわけだ。国家破産時代における株式投資の有用性については、『2030年までに日経平均10万円、そして大インフレ襲来!!』（第二海援隊刊）に詳しく解説しているので、興味のある方はぜひご参照いただきたい。

また、株式投資をも上回る大きな可能性を秘めているのが、「オプション投資」だ。国家破産になれば株式市場には幾度も暴落局面や暴騰局面が到来することとなる。この時、株式にも増してその威力を高めるのが「オプション」である。日経平均株価の上下動に連動する特殊な金融商品で、その価格変動は数十倍から時に一〇〇〇倍を超えることも珍しくない。株式なら、価格変動幅は数十％からせいぜい一〇倍程度だが、その一〇〇倍もの利益を狙うことすら可能なのだ。それでいて投資額は最低一〇〇〇円からと取りかかりやすい。

習熟するまでに勉強と訓練が必要だが、相場の激動局面にこの投資を使えば、大資産家への道も夢ではないのだ。こんな夢のような投資法を知らずにおくのは実にもったいない話ではないか！　残念ながら、紙幅の都合上ここでは「オプション投資」の詳細は割愛するが、その魅力については『コロナ恐慌で財産を10倍にする秘策』『10万円を10年で10億円にする方法』（いずれも第二海援隊刊）で詳しく紹介しているので、ぜひともご参照いただきたい。

仮想通貨は資産防衛に有効か

国内でできる投資として、近年特に注目を集めているのが「仮想通貨」だ。

二〇一七年にはバブル的な価格上昇で市民権を得たが、二〇二一年には再び価格が急伸し、いよいよ本格的な投資対象として定着しつつある。

仮想通貨の特徴は、既存の通貨と異なり発行体が国ではないこと、またインターネット上で取引されるため容易に海外に資産移転ができること、また匿名性が高く保有状況を他者に知られにくいことなどがある。いずれの特徴も、国家破産対策として資産を移転し防衛するのに非常に向いていると言えるだろう。

実際、国家破産などのパニック的な状況で資産逃避の新たな手法として注目・活用されてきてもいる。二〇一三年の「キプロス・ショック」や二〇一五年のギリシャでの預金封鎖をはじめとして、国家の危機的状況で仮想通貨への一時的な殺到がニュースとして報じられている。

仮想通貨が持つ「国をまたいだ資産移動の容易さ」は、こうした人々にとっては有益であるものの、国家にとっては資産逃避の手段として許しがたいものである。そこで、各国とも仮想通貨に関しては厳しい規制と監視を行ない、また国によっては取引そのものを規制するという手にも出ている。

さらに、仮想通貨はその値動きの荒さにも注意が必要だ。たとえばビットコインは二〇一七年に一ビットコイン＝二〇〇万円超の高値を付けたが、その後一時四〇万円割れ（八〇％減）という暴落を記録している。直近ではそこから七〇〇万円超まで高騰したが、再び大きく下落するという急変動を見せている。

総合すると、国家破産対策の一手として活用できる期待は大きいものの、法規制の行方や価格変動の極端さなど難しい面も多く、かなり難易度が高いというのが私の評価だ。余剰資金のうち、ごく一部を振り向けて資産に多様性を持たせるというのはよいかもしれないが、それ以上に深入りすることは決してお勧めはしない。まずは、本章の基礎編と次章の〈応用：海外編〉にある対策を土台としてしっかり固めることを優先していただきたい。

「応用：海外編」に進む前に

ここまで紹介してきた対策は、いずれも国内ですぐにでも始めることができるものばかりである。いくつか重要な注意点はあるものの、勘どころをきちんと押さえればそれほど難しいことはないはずだ。国家破産という経済災害から身を守るには、最低限の資産防衛は必須となる。「まだ、対策はこれから」という読者の方は、ぜひ本書を読了後すぐに対策に取りかかっていただくことを強くお勧めする。

また、「応用：海外編」までしっかりと対策を図れば、あなたの資産防衛はかなり充実した水準に達するだろう。こちらは一朝一夕には行かないが、だからこそ早急に、かつ計画的に取りかかっていただきたい。

なお、こうした国家破産対策に関して、私が主宰する会員制クラブ「ロイヤル資産クラブ」「自分年金クラブ」では初心者にも取り組めるよう実践的に、わかりやすくアドバイスを行なっている。専門家の助けを借りながら万全を期したいという方は、活用していただくことをお勧めする。両クラブの詳細については巻末のお知らせ（二五二ページ）にまとめているのでご参照いただきたい。

第六章

二、三年かけてじっくりやる
本格的国家破産対策〈応用：海外編〉

盲目であることは、悲しいことです。
けれど、目が見えるのに見ようとしないのは、もっと悲しいことです。
（ヘレン・ケラー）

海外に資産を持つことで、国家破産対策は万全なものになる

第五章では、「国家破産対策の基礎編」として、国内でできる対策について触れた。お伝えしたように、ポイントさえ押さえれば国内で完結する方法でもある程度の対策は可能だ。ただし、対策の完成度としては「六〇点程度」といったところだろう。国家破産時には、平時には考えられないような政府による規制や干渉が個人の財産を脅かすからだ。国家破産対策の完成度を一〇〇点満点に近付けるには、どうしても海外の活用が欠かせない。

国家が破産すると、その国の通貨は信用を失い、ほとんどの場合、暴落する。大幅な通貨安も手伝い、ハイパーインフレが人々の生活を苦しめる。日本が破産した場合は、円安、インフレという形で円の価値が損なわれることになる。

それに対抗する手段は、いたってシンプルだ。円の価値が損なわれるのだから、円（円建て）以外、つまり外貨建てで資産を持てばよい。資産を外貨建て

で持つことこそが、国家破産対策の最重要ポイントになる。

外貨の中でも、圧倒的に信用力の高い米ドル建てを中心に保有すればよい。前章で挙げた米ドル現金は、文字通りドル建て資産だ。金《きん》（ゴールド）、ダイヤモンドについては日本国内では円建てで取引されるが、いずれも「物」だからインフレになれば価格は上昇するし、国際商品だから円安になればやはり価格は上昇する。

要は、「現物」の資産を手元に持つことで財産を守るわけだ。米ドル現金にしても、通常現金は金融資産に分類されるが、預金ではなく紙幣や硬貨といった形あるもので保有する点では現物の資産と同列だ。

現物の資産の場合、保管リスクが問題になる。たとえば、自宅で保管する場合、盗難・紛失・火災などのリスクが付きまとう。そのため、保管場所を分散するなど、十分なリスク管理が必要になる。それでも、保有資産額が大きい人だと、保管場所や保管スペースの問題で多くの財産を現物で持つのは現実的ではないかもしれない。保有資産額が大きい人はもちろん、それほど保有資産額が多くない人にとっても、預貯金や有価証券などの金融資産をほとんど持たずに現物の資産ばかり保有するというのは、やはり現実的とは言えないだろう。

そうなると、どうしてもある程度の金融資産を保有する必要が出てくる。しかし、国内の金融機関はその国の管理下にあるから、国家破産などの有事の際には、平時にはあり得ないような規制がかけられることがある。

その代表的なものが「預金封鎖」だ。ある日突然、預金が自由に引き出せなくなり、国民一人ひとりの預金に財産税がかけられる。古今東西、国家破産した多くの国で預金封鎖は行なわれてきた。預金などの金融資産を国内の金融機関で保有することは、国家破産時にはかなりリスクの高い行為だ。

そこで有効になる対策が、海外の金融機関や金融商品の利用だ。たとえば、海外にある銀行に預金しておけば、基本的に自国の政府による法規制はおよばない。日本国政府は、日本国内の銀行に対して預金封鎖を命じることはできても、他国にある銀行預金を封鎖することなどまずあり得ない。海外銀行口座を開設しておくことは、非常に有効な国家破産対策になるわけだ。

同様に、海外で販売されている金融商品も国家破産対策に有効だ。そのような金融商品の中でも、私が特にお勧めするのが「海外ファンド」だ。

私は二〇年以上前から日本の財政リスクについて警鐘を鳴らし、個人ができる対策として、海外ファンドや海外口座の利用をお勧めしてきた。この間、海外ファンドと海外口座を取り巻く環境も大きく変化してきた。そこで本章では、国家破産対策としてはもちろん、資産の保全・運用の面でも現時点で最も有効と考えられる「海外ファンド」と「海外口座」の情報をお伝えしよう。

海外ファンドの魅力

残念ながら、日本の金融市場や資産運用の環境は、全体として欧米に劣後していると言わざるを得ない。預金、株式、債券、投資信託をはじめ、日本国内には実に多くの金融商品があり、資産運用の環境は成熟しているように思われるかもしれない。

しかし、欧米を中心に海外に目を向けると、日本ではまずお目にかかれない独自のノウハウで運用される魅力的な金融商品が数多く存在するのだ。海外ファンドについても、日本国内で販売されている投資信託とは比較にならないほどバリエーションに富む。上昇相場に強いファンド、下落相場に強いファンド、恐慌や金融危機に強いファンド、さらには市場に動きがなくても収益を上げられるファンドなど、実に様々なタイプのファンドが存在する。

これらの異なるタイプのファンドをうまく組み合わせることで、守りを固めながら資産を殖やすことは十分可能になる。それらの海外ファンドのうち、いくつかをここで取り上げよう。

国家破産対策〈応用：海外ファンド編〉

■「QEファンド」

最初に取り上げる「QEファンド」は、「グローバル・マクロ」という戦略で運用されるファンドだ。グローバル・マクロとは、ヘッジファンドの運用戦略の一つで、経済全体の動きを見ながら世界各国の株式や債券、通貨など様々なものを売買する手法である。「QEファンド」の投資対象も、各国の株式、債券、商品、通貨をはじめ多岐にわたる。

一般的にグローバル・マクロ戦略では、先物などを用いて「買い建て」も「売り建て」も行なう。買い建ての場合、投資対象が値上がりすれば儲かり、値下がりすれば損失となる。逆に、売り建ての場合は値下がりすれば儲かり、値上がりすれば損失となる。

実は「QEファンド」の場合、運用は買い建てのみで、基本的に売り建ては行なわない。つまり、投資対象が値上がりしなければ利益は得られないわけだ。世界中の投資対象をウォッチしながら、投資機会を見つけてすかさず買う、ということをひたすら続けているのだ。

「買い」のみだから運用の自由度は高くなく、インフレを前提とするファンドと言ってよいだろう。ただ、自由度が高くないこの戦略は、実は合理的とも言える。実際五〇年や一〇〇年といった長期で見れば、株式をはじめ多くのものが値上がりしている。「買い」に特化するというのも、戦略としては有効なのである。もちろん世界経済は時折、デフレや不況、金融危機や市場の暴落に見舞われる。そのような時期には多くのものが値下がりするから、「ＱＥファンド」にとっては非常に厳しい環境となる。

最近でも、コロナショックが発生した二〇二〇年二月から三月にかけての二ヵ月間で、「ＱＥファンド」は三三・八％も下落した。しかしその後は、株式市場の回復に歩調を合わせ「ＱＥファンド」も順調に収益を上げ、同年末には早々とコロナショック前の高値を更新した。その間（二〇二〇年四月から一二月までの九ヵ月間）の上昇率は、約五五・五％に達する。

リーマン・ショックの際も、似たような動きを見せている。実は、「ＱＥファンド」には基になっているファンド（以下、基ファンド）があり、「ＱＥファンド」はそれを小口化したファンドだ。基ファンドは最低投資額が二〇〇万米ドル（約二億二〇〇〇万円）と非常に高額で投資のハードルが高いが、小口化した「QEファンド」なら一〇万米ドル（約一一〇〇万円）から投資が可能だ。

リーマン・ショック当時は「QEファンド」の運用はまだ始まっていないが、基ファンドはすでに運用されていた。基ファンドのリーマン・ショック前後の下落率は、約四五％に達した。ほぼ半値だ。しかし、その後は急速に値を戻し、一年強でリーマン・ショック前の高値を回復している。

このように、基ファンドも含め「QEファンド」は株式市場が暴落するような危機には弱く、大きく下落するもののその直後から力強く回復し、順調に収益を上げてきた。二〇一四年一月に運用が始まり、二〇二一年四月末時点で一〇一・九％上昇した。つまり、二倍になったということだ。値動きが非常に大きいため、自身の資産規模に照らして過大な投資は避けるべきだが、資産の一部を振り向けるには非常に魅力のあるファンドと言えるだろう。

■「EWファンド」

「EWファンド」は、「ボラティリティ戦略」という戦略で運用されるファンドだ。ヘッジファンドの運用戦略に詳しい投資家でも、この戦略を知る人はあまり多くないだろう。ボラティリティとは、価格変動率のことである。もっとわかりやすく言えば、値動きの大きさのことだ。「ボラティリティが大きい」と言えば、「値動きが大きい」ことを意味する。つまり、ボラティリティ戦略とは、ボラティリティ（価格変動率）の変化を利用して収益を目指す戦略だ。

しかし、ボラティリティそのものを取引することはできない。ボラティリティは、たとえば一〇％などというようにパーセンテージで表す。「一〇〇円で買い、二〇〇円で売る」ことはできるが、「一〇％で買い、二〇％で売る」などという取引は不可能だ。このように、ボラティリティそのものは取引できないからボラティリティを指数化したものを取引する。

ボラティリティを指数化したものは多数存在するが、代表的なものに「ＶＩＸ指数」がある。ＶＩＸ指数とは、米国の株価指数「Ｓ＆Ｐ５００」を対象とするオプション取引の値動きを指数化したものである。ざっくり言えば、米国株の値動きの大きさを示すものと考えて差し支えない。

ボラティリティが大きくなるほどＶＩＸ指数は上昇し、ボラティリティが小さくなるほどＶＩＸ指数は低下する。通常は、おおむね一五～二〇程度で推移するが、相場が荒れると三〇、四〇と上昇する。リーマン・ショックやコロナショックのような暴落時には、八〇を超えたこともある。逆に、値動きが乏しい相場になると一〇を割り込むこともある。ＶＩＸ指数の先物なら、たとえば価格変動率の上昇を見込み、ＶＩＸ指数を「一五で買って二〇で売る」ことで利益を上げられるし、逆に価格変動率の低下を見込みＶＩＸ指数を「二〇で売って一五で買い戻す」ことで利益を上げられる。

「ＥＷファンド」は、このＶＩＸ指数先物を主な取引対象とする。ＶＩＸ指数には、低下基調で推移しやすいという傾向がある。ボラティリティの上昇（つまり、値動きが大きくなること）は頻繁に起きるが、ボラティリティが際限なく上昇し続けることはあり得ない。短期的にボラティリティが急上昇したとしても、いずれボラティリティは平均的な水準に向け低下する。

平たく言えば、値動きが激しい状態が永遠に続くことはあり得ず、いずれ値動きは落ち着いてくるということだ。つまりＶＩＸ指数を取引する場合、継続的に売りポジションを保有することで利益を上げやすいと言えるわけだ。

しかし、ここに落とし穴がある。ご存じのように、株式相場というものは時々、大きく下落する。そのような時には、ＶＩＸ指数も跳ね上がる。ＶＩＸ指数の「売り」は、相場が落ち着いている時にはコツコツと利益を積み上げることができるが、ひとたび株式相場が急落するとＶＩＸ指数が急上昇するため、かなり大きな損失を被る羽目になる。いわゆる「コツコツドカン」（コツコツと積み上げた利益を、一度の損失でドカンと吹き飛ばしてしまうこと）に陥りやすいのである。運悪くリーマン・ショックやコロナショックのような大暴落に巻き込まれてしまえば、自己資金をはるかに上回る損失（つまり借金）を被り、破産に追い込まれることもある。

このような壊滅的な事態を避けるため、「ＥＷファンド」ではオプション取引というデリバティブ（金融派生商品）を使い、リスクヘッジを行なっている。「ＥＷファンド」についても、米国株の急落時などＶＩＸ指数が急上昇する局面では大きく下落する傾向はあるが、その後の株価の反発に伴いＶＩＸ指数が低下する局面では、収益を上げやすい。コロナショックの際も、二〇二〇年三月に約一五％下落したものの、その後は順調に収益を上げ同年一一月にはコロナ前の水準を回復した。また、ＶＩＸ指数が低位で安定する局面でも収益を上げやすい。

「ＥＷファンド」には、二万五〇〇〇米ドル相当額（約二七五万円）から投資ができる。通貨建ての選択肢も幅広く、米ドル、ユーロ、豪ドル、ポンド、スイスフラン、日本円、人民元で投資可能だ。二〇一三年に運用が始まり、米ドル建ては二〇二一年五月末時点で約三八％上昇している。

■「ATファンド」

「ＡＴファンド」は、驚くべきファンドだ。というのも、これまで一度たりとも下落したことがないのだ。海外ファンドの場合、月ごとに成績を集計し発表されるものが多いが、半年や一年くらいなら連戦連勝もあり得る。そのファンドにとって、市場環境が追い風となる場合だ。

しかし、好都合な市場環境が延々と続くことはあり得ない。株式や債券などの市場で売買を行なう以上、損失を出す場面は必ず出るものだ。

ところが、この「ATファンド」は二〇一四年八月の運用開始以来、実に七年近く連戦連勝なのだ。その間、コンスタントに五〜七％程度の年率リターンを叩き出している。普通、ファンドのチャートは上下にジグザグするものだが、「ATファンド」のチャートはまるで定規で線を引いたように直線に近い形をしている。株式や債券などの市場で売買を行なうファンドでは、ちょっと考えられない成績だ。そのようなファンドを目にしたら、ファンドや市場に明るい人間なら、まず「怪しい」と直感的に思うものだ。

では、「ATファンド」は怪しいファンドなのか？　答えはもちろん「ノー」だ。「ATファンド」は収益を上げるべくして、上げ続けている。種明かしをしよう。実は、「ATファンド」は株式や債券などの市場で売買を行なうファンドではない。主に、個人や企業などへの「融資」を中心に運用するファンドだ。

融資だから、期日がくれば利息が上乗せされて資金が戻ってくる。融資がきちんと返済されさえすれば、必ず収益が上がる。その結果、ファンドの運用成績もプラスになるというわけだ。

もちろん、ほかの一般的な海外ファンドと同様、「ATファンド」のプラス収益が確実に約束されているものではない。つまり、元本保証でも確定利回りでもないということだ。融資により回収した元利金が収益源になるわけだから、当然お金を回収できなかったら損失となる。貸し倒れが増えれば、ファンドの成績がマイナスになることもあり得るわけだ。融資ビジネスにおいては、この貸し倒れリスクを適正に管理することが重要なポイントになる。「ATファンド」も当然、この点に注意しつつ運用している。

融資の場合、設定される金利は融資先の信用力に左右される。融資先の信用力が高ければ貸し倒れのリスクは低く安心だが、得られる金利は低くなる。逆に、融資先の信用力が低ければ得られる金利は高くなるが、どうしても貸し倒れのリスクも高くなる。融資ビジネスにはこのようなジレンマがあるが、「AT

ファンド」の着眼点はユニークだ。

「ATファンド」のAは「Africa」の頭文字で、元々はアフリカの個人向けに小口の融資（マイクロファイナンス）を行なうファンドである。融資対象は、個人の中でも政府職員、つまり公務員に限定している。アフリカという相対的に信用力の低い国々の人を対象とすることで高い融資金利を確保し、公務員という安定した職業の人に対象を限定することで貸し倒れリスクを低減するというわけだ。しかも、返済については給料から天引きするという仕組みを取っている。その結果、高い融資金利と高い融資回収率を両立しているのだ。回収率は、九〇％台後半を維持しているという。

「ATファンド」は、元々はアフリカのマイクロファイナンスのみで運用されていたが、現在はマイクロファイナンスだけでなく不動産関連の融資や農業従事者向けの融資、貿易におけるつなぎ融資など、様々な融資を手がける。対象地域もイギリス、ヨーロッパ、オーストラリア、アメリカなど幅広い地域に拡大し、現在アフリカは全体の十数％程度を占めるに過ぎない。

このようにリスク分散を図りつつ、現在も高い年率リターンを維持している。「ATファンド」は、二万五〇〇〇米ドルから投資可能だ。

■MF戦略ファンド

ヘッジファンドの運用戦略に「マネージド・フューチャーズ戦略（MF戦略）」というものがある。株、債券、通貨、商品、金利などの様々な先物を投資対象として利益を上げることを目指す戦略だ。先物で運用するため、上げ相場では買い建てで、下げ相場では売り建てで収益を上げることが可能だ。

また、多くのMFは「トレンドフォロー」という手法を採用している。相場の流れ（トレンド）に逆らわず、トレンドを追いかける手法で、上昇しているものは買って行き、下落しているものは売って行く。予測をしないのも特徴だ。「いい加減、上がり過ぎ（だから売ろう）」とか、「そろそろ下げ止まりそう（だから買おう）」といった判断をしないのだ。ただただトレンドに従い、上昇トレンドが続く限り延々と買い続け、下落トレンドが続く限り売り続ける。

ただし、永遠に続くトレンドというものはない。上昇トレンドにしても下落トレンドにしても、いずれは終わる。そのため、トレンドフォローには「トレンドが反転する局面で必ず損失を出す」という弱点がある。また、相場に目立った動きがなく、狭い範囲でもみ合っているような状況も苦手だ。このような苦手な局面では損切りを実行し、損失の拡大を防ぐ。

トレンドの転換点やトレンドが出ない横ばいの相場には弱いが、一方でトレンドが大きくはっきりと出る局面には強い。平たく言えば、上がりっ放しや下がりっ放しという相場に強いということだ。特に、底が抜けてしまったように下げ続ける暴落時には比類のない強みを発揮する。ＭＦは、「〇〇ショック」と呼ばれるような歴史的な暴落時に収益を上げることが多い戦略なのである。

ＭＦの象徴的な存在と言えるファンドに、「Ａファンド」がある。一九九六年に運用が始まり、二五年の実績を持つファンドだ。当初、一〇ドルからスタートした基準価格は、二〇二一年五月二八日時点で一四五・二一一ドルまで上昇している。二五年強で、元本が一四・五倍に殖えたということだ。

九七年の「アジア通貨危機」、二〇〇一年の「米同時多発テロ」、二〇〇八年の「リーマン・ショック」など、世界的な株価暴落時に「Aファンド」はことごとく収益を上げてきた。二〇二〇年の「コロナショック」の際も、株価が最も大きく暴落した三月に一〇・二%の収益を上げている。

残念ながら、現在は日本の居住者が「Aファンド」に直接投資することはできなくなってしまったが、MFで運用されるファンドにはほかにも有望なものがある。その一つが「Tファンド」だ。九四年から運用が始まり、すでに十分な実績を持つ。基本的な運用手法は、「Aファンド」と同じだ。

世界の先物市場で数百の銘柄に分散し、コンピュータ管理により損切りを徹底しつつ収益を積み上げる。二〇〇八年のリーマン・ショックの際も大きな収益を上げ、同年の年間成績は五〇・八七%に達した。二〇二〇年のコロナショックでは若干の損失を被ったものの、その後の上昇トレンドで収益を上げ、同年の年間成績は九・五八%とプラスで終えている。

二〇二一年に入ってからも非常に好調で、株式や商品などの上昇トレンドに乗り、四月末までの四ヵ月間で二三・三八％もの収益を上げている。MFは、特に暴落に強みを発揮する点が魅力だが、上げ相場にも十分対応できるのだ。

二〇一八年には「T―ミニ」というファンドが登場した。「Tファンド」とほぼ同じ手法で運用されるが、リスク（値動きの大きさ）を「Tファンド」の半分程度に抑えている。その分、リターンも「Tファンド」の半分程度に落ちるが、「Tファンド」に比べより安定的な運用を実現している。また「Tファンド」の最低投資額は一〇万米ドル相当額となっているが、「T―ミニ」なら一万米ドル相当額から投資可能だ。「Tファンド」もそうだが、海外ファンドは購入・解約のサイクルが月ごと、つまり月に一回のものが多い。一方、「T―ミニ」なら週ごと、つまり週に一回、購入・解約が可能だ。

このように、「Tファンド」に比べて「T―ミニ」はかなり取り組みやすくなっている。通貨の選択肢も豊富で、米ドルはもちろん、ユーロ、スイスフラン、日本円、英ポンド、豪ドルの各通貨建てで投資可能だ。

■「ACファンド」「MCファンド」

この二つのファンドは、少々異色だ。海外ファンドの場合、配当や分配金を出さないものが多いが、「ACファンド」と「MCファンド」はいずれも配当を出す。その配当が、非常に高い。年間配当金を株価で割った配当利回りは、「ACファンド」が八〜一〇％程度、「MCファンド」が六〜八％程度で推移している。仮に五〇〇万円分投資したとすると、「ACファンド」なら年間四〇〜五〇万円程度、「MCファンド」なら年間三〇〜四〇万円程度の配当が得られる計算だ。配当利回りが一〇％あると、単純計算で一〇年で投資元本は回収できてしまう。もちろん、それはその間にきちんと配当が支払われることが条件になる。

では、両ファンドの配当の支払い状況はどうかというと、「ACファンド」は二〇〇四年、「MCファンド」は二〇〇七年の運用開始以来、現在までこの高水準の配当が順調に支払われている。配当の支払い頻度も多い。日本の上場株の場合、配当は年に一、二回支払われるものが多いが、「ACファンド」は三ヵ月に一回、「MCファンド」はなんと一ヵ月に一回（つまり毎月）配当が支払われるのだ。

高配当の株式でありがちなのが、いわゆる「タコ足配当」だ。高配当が売りの銘柄の中には、十分な利益が出ていないのにも関わらず、高い配当を出すものもある。まるでタコが自分の足を食べるように、会社内の資産を取り崩して配当を出すわけだ。しかし、この非生産的なやり方は株価に顕著に表れる。企業価値が損なわれ、株価に下落圧力がかかるのだ。高配当が得られても、株価の下落により、トータルでは損失となる場合が多い。

「ACファンド」と「MCファンド」については、本書を執筆している二〇二一年五月時点で株価はいずれも運用開始時点を上回っており、高水準の配当収入を軸にトータルで高い収益を上げている。なぜ、このような高配当が安定的に出せるのか？　実は、両ファンドの運用は前述の「ATファンド」に似ている。投融資を行ない、それを回収して収益を上げるスタイルだ。投融資の対象は主に中堅企業で、そこから得られる利息や配当が収益源となる。

一般的に、中堅企業の信用力は大企業と比べると低い。その分、融資の際に高い利息が得られるわけだ。ただ、先進国の中堅企業向けの融資だと普通はここまで高い利回りにはならない。実は、「ACファンド」と「MCファンド」は特殊なスキームで運用されているため所在国における税優遇を受けており、これがファンドの収益をさらに押し上げ、高水準の配当を実現しているのだ。

両ファンドの収益モデルは「ATファンド」と似ているものの、「ATファンド」と異なり相応の価格変動を伴う。実は、「ACファンド」と「MCファンド」は実質的な仕組みはファンドに近いが、上場株式の形態をとっている。そのため一般の株式と同様、株価は常に変化するというわけだ。

「投融資」という安定したビジネスに特化しているため、普段の値動きは比較的安定しているが、ひとたび株式市場が暴落すると、驚くほどの暴落を見せる。要は、金融セクターだから市場の暴落や金融危機には弱いのだ。

二〇〇八年のリーマン・ショックの際には、両ファンドとも株価は大暴落した。当時の最高値からの最大下落率は、「MCファンド」が四六％とほぼ半値になり、「ACファンド」にいたっては八五％とほぼ七分の一になってしまった。

普通は、ここまで下落すると回復はほぼ見込めない。株価が半値になったら、そこから二倍にならなければ株価は元には戻らない。ましてや、七分の一になってしまえば七倍に暴騰してやっと元に戻るわけで回復は絶望的と言ってよい。

しかし、「ACファンド」と「MCファンド」が真価を発揮するのは、このような大暴落の後だ。両ファンドの最大の強みは高配当にある。大荒れの危機のさなかにあっても両ファンドとも大幅な減配を回避し、高い配当が支払われ続けられた。「ACファンド」は高水準の配当と株価の回復により、当時の暴落前の最高値から五年後には株価と配当を合計したトータルリターンはプラスになっている。

同様に、「MCファンド」についても当時の最高値から三年後には株価と配当を合計したトータルリターンがプラスになっている。当時の最高値、つまり最悪のタイミングで全額投資して大暴落に巻き込まれたとしても、最長でも五年後には損失は解消され、利益が出たということだ。

二〇二〇年のコロナショックの際にも、両ファンドの実力は遺憾なく発揮された。リーマン・ショック時と同様、やはり両ファンドとも大暴落した。コロナショック直前の高値からの最大下落率は、「ACファンド」が五八%、「MCファンド」が六五%に達した。株価は「ACファンド」が半値以下、「MCファンド」は約三分の一になった。

しかし、驚くべきことに翌二〇二一年四月には、株価と配当を合計したトータルリターンは両ファンドともプラスになっている。これほど大きな含み損を、わずか一年強で解消してしまったのだ。

このように、両ファンドとも数年以上の保有により、損失になったケースは過去に一度もなく、たとえ大暴落に巻き込まれたとしても、長期保有により収益を上げられる可能性は非常に高いと言えるだろう。特に、「MCファンド」の運用開始以来のトータルリターンは非常に高い。株価が上昇傾向、配当も増配傾向で推移してきたためだ。

二〇二一年三月時点で、「MCファンド」の株価は二〇〇七年の運用開始から約二・六倍に上昇している。ところが、支払われた配当を再投資した場合の実質的な株価は約八・二倍に達し、年率リターンは一六％を超える。

「ACファンド」と「MCファンド」は米ドル建てで、数十ドル（数千円）程度の少額から投資できる。いずれも上場株式の形態をとるため、世界中の金融機関から投資できる。後述する一部の海外口座でも投資可能だ。

また、日本国内でも一部の金融機関で投資することは可能だ。国家破産対策の観点では、なるべく海外の金融機関で投資することをお勧めするが、どうしても難しければ国内金融機関からの投資も選択肢だ。預金封鎖が行なわれるような状況下では不安は否めないが、ハイパーインフレ（円安）や金利上昇（国債暴落）といった国家破産に伴う市場の変動には十分に対応できるし、何よりも収益期待が高く、投資手続きが簡単なのもメリットだ。

昔ながらの対面サービスの金融機関なら電話一本で、ネット取引ならパソコンやスマホでものの数分で売買が完了する。いよいよ危ないと思ったら、すぐに売却して逃げることもできる。

■貴金属ファンド

最後に、情報提供に向けて調査を進めている海外ファンドを取り上げよう。金《きん》を含めた、代表的な貴金属に投資するファンドだ。

金《きん》（ゴールド）の現物は、国家破産対策に非常に有効であるが、そのような有事の際には何かしらの形で没収される可能性があるのが難点だ。この金《きん》の弱点を補完するために、金《きん》の保有に加えてダイヤモンドの保有が有効になることは前章でもお伝えした。逆に言えば、たとえ没収のリスクがあっても、資産を保全するにあたり金《きん》の保有は絶対に欠かせないわけだ。無価値になることが考えられず、化学的にも極めて安定している金《きん》は、究極の資産と言えよう。

日本の国家破産時に、金《きん》の没収を回避する方法はないわけではない。金《きん》を海外で保有すればよいのだ。しかし、これが言うほど簡単ではない。海外現地で信頼できる販売業者や保管業者を探さなければならない。日本語対応は、まず期待できないだろう。英語などで商談しなければならない。

このように、一般にはなかなか難しい金《きん》の海外保有を、比較的簡単に行なうことができる画期的な方法が登場した。それこそ、「貴金属ファンド」（仮称）という海外ファンドである。

このファンドは、金《きん》などの貴金属（現物）を買い、保管する。先物などを使った売り建ては行なわず、貴金属価格が値上がりすればファンドの収益が上がり、値下がりすれば損失となる、シンプルなファンドだ。金《きん》はもちろん、銀、プラチナ、パラジウム、ロジウムといった貴金属を組み入れて運用する。

金《きん》をはじめ、最近の貴金属相場の上昇には目を見張るものがある。今後も乱高下する局面も予想されるものの、長期的にはさらなる上昇の可能性は十分あるだろう。何より、金《きん》をはじめとする貴金属を実質的に海外で保有することができるこのファンドは、国家破産対策の強力な武器になる。

分散の方法としては、金《きん》現物と「貴金属ファンド」とダイヤモンドを一：一：一と均等に保有するのが良いだろう。金《きん》（金《きん》現物と「貴金属ファンド」の合計）とダイヤモンドの比率は、二：一となる。資産全体に占める割合はそれぞれ七・五％ずつ、三つの合計で二二・五％とするのが適当だろう。

国家破産対策を万全なものにするなら、海外口座も持つべきだ

国家破産対策の最も有効な手段を一つ上げるなら、やはり「海外ファンド」だ。資産を外貨建てで海外に移すことができ、しかも収益期待もある。海外銀行口座の保有についても、外貨建ての資産を海外で保有することができるから、その点では海外ファンドと意味合いは同じだ。

ただし、世界的な超低金利環境もあり、収益期待はどうしても海外ファンドに大きく見劣りする。「それなら海外ファンドがあれば、海外口座はいらないのでは？」と思われるかもしれない。しかし、海外口座はなるべく作っておきたい。国家破産対策を考えた場合、海外口座の必要性は年々、高まるばかりだ。

国が破産すると、その国では資本規制が行なわれることが多い。預金の引き出しや海外送金に制限がかかるわけだ。すると、まとまった金額の海外送金は一切できなくなる。海外ファンドへの送金もまずできなくなるだろう。

そのような状況下でも、海外口座を保有していて事前にまとまった金額を入金しておけば、国内にいながら銀行にファンドへの送金依頼をすることができる。すでに現在、マネーロンダリング防止のため国内の銀行では海外送金手続きの際のチェックがかなり厳しくなっており、場合によっては送金を断られるケースも出てきている。今のところはまだ海外送金は可能だが、海外送金が困難になる日の到来は案外近いかもしれない。だから、何しろ急ぐべきだ。

また、保有する海外ファンドを解約する際にも海外口座は役に立つ。通常、海外ファンドの解約金は名義人の銀行口座に送金される。当然、日本国内の銀行口座にも送金してもらえる。平時はそれでまったく問題ないが、国家破産時には不安が残る。国家破産対策のために、せっかく海外に出した資金を国内に戻すことになるからだ。ファンドから解約金が着金した時に、預金封鎖でも行なわれようものなら目も当てられない。

このように、海外口座は口座の保有自体が国家破産対策に有効であることはもちろん、海外ファンドの購入（送金）や解約（資金受け取り）に当たっても、極めて有効な国家破産対策になり得るのだ。可能であれば、ぜひ保有しておきたい。

■国家破産対策〈応用：海外口座編〉

ただし、一口に海外口座と言っても星の数ほどもある。その中で、日本に住む日本人にとって本当に役に立つ海外口座となると、ごくわずかしかない。銀行の健全性が高く、銀行が所在する国自体に十分な信用力があることは大前提だ。送金依頼などの手続きが日本国内からできることも、欠かせない条件だ。

何よりも重要なのは、日本語対応があるかどうかだろう。日本語対応がなくても、英語でやり取りできる銀行はたくさんある。よほど自信があるのなら止めはしないが、日常の英会話には不自由しないという人でも日本語対応のある銀行が絶対に良い。

日本の銀行と海外の銀行では、文化も違うしシステムも違う。私たち日本人の常識が通用せず、時にはトラブルになることもある。そのようなトラブルが発生した時には、電話などでやり取りし、解決を図らなければならない。それを英語で行なう自信がないのなら、必ず日本語対応のある銀行を選ぶべきだ。日本語対応があり、使い勝手の良い海外銀行を自分で探すのも不可能ではない。今はインターネットという便利な道具が身近にある。ネットでちょっと検索すれば、そのような銀行は比較的簡単に見つかるだろう。口座開設の体験談などの情報もたくさんあり、参考になるはずだ。

銀行にもよるが、海外銀行の口座開設自体はそれほど難しいものではない。むしろ開設した口座を維持、管理して行く方がはるかに重要だ。先に述べたように、日本と海外の銀行では文化もシステムも違う。そのあたりをきちんと理解しておかないと、後々とんでもない事態に陥りかねない。

ネットに掲載されている海外口座の情報には古いものも多いし、そもそも情報に誤りがあることも珍しくない。ネットの情報を鵜呑みにして海外口座を開くのは、かなり危険な行為と言える。

一例を挙げよう。海外の多くの銀行では、利用されずに放置された口座への対応が日本の銀行に比べて格段に厳しい。日本の銀行では、一〇年間利用がないと休眠口座とされるが、海外では一〇年間というのは聞いたことがない。たいていは一年か二年、利用しないと休眠口座になる。休眠口座になると、口座管理料が発生したり、休眠状態を解除するのに手続きを求める銀行もある。休眠状態を何年も続けると、最終的には口座内の預金が国庫に移されるケースもある。そうなると、預金を取り戻すには相当な手間とコストがかかる。

これはあくまでも一例だが、海外口座にはこのような日本の銀行では考えられないような注意点がいくつもある。まさに、「日本の常識は、世界の非常識」の世界だ。それらのポイントを押さえておかないと、取り返しのつかないことになりかねないのだ。安易な海外口座開設は、絶対にやめた方がよい。

やはり海外口座の情報を豊富に持ち、信頼できる専門家の助けを借りながら、海外口座を開設するのが安心だ。私がお勧めする海外口座は、ニュージーランド（以下NZ）、シンガポール、ハワイの銀行口座だ。いずれの国も十分な信用力があり、銀行の健全性も高い。日本語対応もあり、日本国内にいながら送金依頼などの手続きが可能だ。

また現在、海外銀行のキャッシュカードはデビットカード化が進んでいる。キャッシュカードにデビットカードの機能が加えられているのだ。このデビットカードは非常に便利だ。ビザやマスターなどのクレジットカードの加盟店なら世界中どこでも（もちろん日本でも！）使用でき、預金口座から即時決済される。このデビットカードは、国家破産対策としても有効だ。国際的なＡＴＭ網と提携したキャッシュカード機能があるから、日本国内のＡＴＭでも海外預金を引き出すことができる。もちろん、デビットカードによる買い物も可能だ。

国家破産時に預金封鎖が実施された場合でも、海外口座のデビットカードおよびキャッシュカードは自由に使える可能性がある。国家破産時には、資金は海外に流出する一方だ。そのため、外国人観光客などが買い物などで日本国内に落とす外貨は貴重になるはずで、外国人が持っているデビットカードやキャッシュカードの利用を制限することは考えられないからだ。日本人が持つ海外口座のデビットカードも、これと同等ということだ。
では、NZ、シンガポール、ハワイの銀行のそれぞれの特色やメリットを簡単にお伝えしよう。

■NZの銀行口座

私が最もお勧めする海外口座は、NZだ。NZの銀行の一番の魅力は、預金金利の高さだ。自国通貨ということもあり、NZドル建ての預金金利は日本国内の大手銀行に比べてかなり高い。

NZもほかの国と同様、コロナ禍の経済を支えるために大幅な利下げを余儀なくされたため、NZドル建ての預金金利も大幅に低下した。三井住友銀行のNZドル建ての定期預金（一年満期）の金利は、わずか〇・〇一%となっている。しかしNZのある銀行では、同じく一年満期の定期預金金利が一・〇〇%になっている（いずれも二〇二一年五月現在）。日本の銀行の実に一〇〇倍の水準だ。この銀行の定期預金金利は、コロナ前には三%台を付けていた。今後、

ＮＺ経済が回復し利上げが実施されれば、銀行の定期預金金利もさらに魅力的な水準へと上昇するだろう。

ＮＺには預金保険制度はないが、すでに制度の導入計画を政府が発表している。預金保証額は当初、五万ＮＺドル（約三九〇万円）とされていたが、一〇万ＮＺドル（約七八〇万円）に引き上げられる見通しだ。預金保険制度の導入により、ＮＺの銀行口座の安全性はさらなる向上が見込める。

このように、ＮＺの銀行口座には大変魅力があるが、私がＮＺの銀行口座をお勧めする一番の理由は、ＮＺの国自体にほかの国にはない魅力があるからだ。

ＮＺは絶海の孤島でどの国からも離れているため、変化に富む手付かずの自然が残っている。実に、国土の約三分の一が国立公園や自然保護区に指定されているほどだ。南半球には工場も少ないので、大気汚染もほぼない。他国との関係も良好で、核戦争やテロなどの地政学リスクに対する安全性も高い。それもあり、ＮＺの軍隊は兵力・装備とも非常に小規模だ。国を防衛するための本格的な軍隊を必要としないのだ。

新型コロナウイルスの感染もうまく封じ込めており、「感染対策の優等生」として世界から注目を集めている。だが、強力なロックダウンの実施もあり、観光産業を中心に経済は打撃を受けた。そのため、不動産価格は下落すると見ていたが、逆に大きく上昇している。新型コロナパンデミックを機に、アメリカ人、オーストラリア人、イギリス人などで余裕のある人々が改めてＮＺに注目し、不動産を買いまくっているのだ。

ＮＺは、たとえば第三次世界大戦や大規模な核戦争が勃発するなど、地球が滅亡しかねない状況になった場合の最後の避難場所として最適な国と言ってよい。そのようなＮＺの銀行口座を利用することは、様々なリスクからあなたの資産を守るのに最善の方法と言えるだろう。

■シンガポールの銀行口座

シンガポールにも日本人が利用しやすい銀行がある。預入額が二〇万米ドル（約二二〇〇万円）相当額以上とややハードルが高いが、複数の日本人スタッフが在籍しており、日本語対応が非常に充実している。口座を開設すると、それぞれの顧客に日本語対応可能な担当者が付く。日本との時差もわずか一時間しかなく、銀行と連絡を取る際には便利だ。

預金の通貨建ての種類も豊富だ。米ドル、ユーロ、日本円をはじめ、主要先進国の通貨はほぼすべて揃い、口座内で容易に通貨分散が可能だ。シンガポールには預金保険制度もあり、保証額は一人当たり七万五〇〇〇シンガポールドル（約六〇〇万円）となっている。

金融商品の選択肢の豊富さもこの銀行のメリットだ。この銀行では、預金以外にも株式や債券、投資信託、さらにはヘッジファンドまで世界の様々な金融商品を扱っており、幅広い資産運用が可能だ。前述の「ACファンド」や「MCファンド」も購入することができる。「ACファンド」や「MCファンド」をシンガポールの銀行を通じて購入した場合、外貨建ての資産を海外で保有することになり、極めて有効な国家破産対策になる。

■ハワイの銀行口座

ハワイの銀行口座も、非常に利用価値が高い。ハワイにはお勧めする銀行が二行あるが、いずれも複数の日本人スタッフが在籍し、日本語対応が非常に充実している。預入額も一行は一〇万米ドル（約一一〇〇万円）以上必要だが、もう一行は数百米ドル（数万円）程度の少額から口座が開設できる。通貨の選択肢は米ドルに限られ外貨預金の取扱いはないが、銀行の健全性は非常に高い。米ムーディーズの格付けは一行が「Ａａ2」、もう一行が「Ａａ3」と、いずれもダブルＡクラスだ。

さらにアメリカには、強力な預金保険がある。保証額は一人につき二五万米ドル（約二七五〇万円）と、世界で最も充実している。格付けがダブルＡクラスのハワイの銀行が破綻する可能性は非常に低いが、万が一の際にこれだけ充実した預金保険があるのは何よりも心強い。

ちなみに、預金保険制度というのは、ほとんどの国で外貨預金を対象外としている。保証の対象になるのは、日本の銀行であれば円預金のみ、シンガポールの銀行であればシンガポールドル預金のみ、というように自国通貨建ての預金のみだ。ハワイの銀行も当然、自国通貨の米ドル預金のみが保証の対象だ。つまり、ハワイの銀行なら基軸通貨の米ドル預金が預金保険の対象になるわけで、この点もハワイの銀行口座の大きなメリットと言える。

ハワイの銀行口座では米ドル預金しかできないが、ハワイの銀行の関連子会社にも口座を開けば、株式や債券など様々な金融商品にアクセスできる。シンガポールの銀行と同様、「ACファンド」や「MCファンド」を購入することも可能だ。

＊　　＊　　＊

このように、海外にまで目を向ければ、日本国内にはない魅力的な金融商品が数多く存在する。これらの海外ファンドや海外口座を利用することで、収益期待を伴う本格的な国家破産対策を講じることができる。

海外投資は、魅力にあふれた世界だが経験のない人が自力で取り組むのは無謀というものだ。特に、何かしらのトラブルに直面した時、解決するにはある程度の専門知識が必要だ。そのため、必ずその分野に精通したアドバイザーの力を借りるべきだ。

私自身も資産運用・資産保全の助言を行なう会員制クラブを主宰しており、本章で取り上げた海外ファンドや海外口座はすべて情報提供の対象としている。国家破産対策に重点を置いた投資助言を行なうクラブというのは、少なくとも日本ではおそらく私が主宰するクラブだけだろう。ご関心のある方は、ぜひお問い合わせいただきたい。問い合わせ先：㈱日本インベストメント・リサーチ（TEL〇三―三二九一―七二九一。詳しくは巻末二五二ページ参照）。

エピローグ

財政の独立なくては、思想の独立もなく行動の自由もない。

（坂本龍馬）

一に新型コロナ、二に天災……万全の備えを！

国家破産の一番目のキッカケは新型コロナだが、次にやってくる二番目のキッカケ（つまり、最終的な引き金）は「天災」となることだろう。

私は二〇二六年頃、東南海大地震と巨大津波がやってくると予想している。そして、残念ながら東南海大地震の経済的被害は東日本大震災の数十倍となることだろう。震源地が目の前と言ってよい高知や宮崎だけでなく、津波の侵入してくる大阪湾や伊勢湾では日本の二番目と三番目の大都市、つまり大阪と名古屋が致命的被害を受けることになる。

専門家の中には、「その甚大な被害のために日本は二度と復興できない」と警告する人までいる（ＮＨＫスペシャルより）。その場合、この国は一瞬で国家破産し、そのまま預金封鎖などの強行措置を取らざるを得ない状況に突入するかもしれない。

こうした時代にはリスク・マネジメント（危機管理）ほど重要なものはない。「転ばぬ先の杖」という言葉があるが、まさに「備えあれば憂いなし」というわけである。

読者諸氏には、ぜひ今から万全の備えをしていただいて、この未曽有の危機を生き残って素晴らしい老後を送っていただきたい。皆さんの、早目の行動を切に望む。幸運を祈っている。

二〇二一年六月吉日

浅井　隆

■今後、『瞬間30％の巨大インフレがもうすぐやってくる!!』『老後資金涸渇』（すべて仮題）を順次出版予定です。ご期待下さい。

浅井隆からの重要なお知らせ
——恐慌および国家破産を勝ち残るための具体的ノウハウ

厳しい時代を賢く生き残るために必要な情報収集手段

私が以前から警告していた通り、今や世界は歴史上最大最悪の約三京円という額の借金を抱え、それが新型コロナウイルスをきっかけとして二、三年以内に大逆回転しそうな情勢です。中でも日本国政府の借金は先進国中最悪で、この国はいつ破産してもおかしくない状況です。そんな中、あなたと家族の生活を守るためには、二つの情報収集が欠かせません。

一つは「国内外の経済情勢」に関する情報収集、もう一つは国家破産対策としての「海外ファンド」や「海外の銀行口座」に関する情報収集です。これらについては、新聞やテレビなどのメディアやインターネットでの情報収集だけでは十分とは言えません。私はかつて新聞社に勤務し、以前はテレビに出演をしたこともありますが、その経験から言えることは「新聞は参考情報。テレビはあくまでショー（エンターテインメント）」だということです。インターネットも含め、誰もが簡単に入手できる情報でこれからの激動の時代を生き残って行くことはできません。

皆さんにとって、最も大切なこの二つの情報収集には、第二海援隊グループ（代表：浅井隆）が提供する特殊な情報と具体的なノウハウをぜひご活用下さい。

◆〝恐慌および国家破産対策〟の入口
「経済トレンドレポート」

電子版も好評配信中！

皆さんに特にお勧めしたいのが、浅井隆が取材した特殊な情報をいち早くお届けする「経済トレンドレポート」です。今まで、数多くの経済予測を的中させてきました（例：二〇一九年七月一〇日号「恐慌警報第1弾！　次にやってくる危機は、リーマン・ショック以上の大災害の可能性」、二〇二〇年二月二〇日号「恐慌警報第8弾！　やはり2020年はとんでもない年になる!?」）。

そうした特別な経済情報を年三三回（一〇日に一回）発行のレポートでお届けします。初心者や経済情報に慣れていない方にも読みやすい内容で、新聞やインターネットに先立つ情報や、大手マスコミとは異なる切り口からまとめた情報を掲載しています。

さらにその中で、恐慌、国家破産に関する『特別緊急警告』『恐慌警報』『国

経済トレンドレポート
浅井情報ネットワーク

第1弾！

恐慌警報

次にやってくる危機は、リーマン・ショック以上の大災害の可能性

■リーマン・ショック級のすさまじい金融危機が迫っているため、今後当レポートにおいて順次「警報」を発信するので、真剣に対処していただきたい。これはその「第1弾」である■

1〜3年以内に「世界的金融恐慌」が到来し、私たちの預貯金が多大な被害を受ける可能性が出てきた。世界の全ての銀行の総元締めである国際決済銀行（スイス・バーゼル）通称BISの元チーフ・エコノミスト、ウィリアム・ホワイト氏――彼はリーマン・ショックを事前に当てていた数少ない専門家の一人……が最近、とんでもない予言を言い始めた。「現在の状況はリーマン直前の2007年より深刻である。世界中に巨大な債務不履行の波が押し寄せるだろう。世界の金融システムが大変不安定な状況となっており、世界は"大破綻"に直面することだろう!!」

そうなった場合、欧米ゾンビ企業向けローンを元に作られた合成派生商品"CLO"を大量購入し、400兆円以上を海外に投融資している邦銀は、危機的というより致命的状況に直面することだろう。その点について最近、米ボストン連銀総裁のローゼングレン氏は「邦銀の大量のCLO保有は将来大変なリスクを生むかもしれない」と警告を発している。というわけで、次にやってくる危機の規模は、邦銀にとってリーマン・ショックの10倍以上となるかもしれない。その時、あなたの預貯金は重大なリスクにさらされる。最悪、戻ってこないかもしれない。

いよいよ真剣な情報収集と不測の事態に備えた万全の準備をすべき時期に来た。

2019年7月10日号

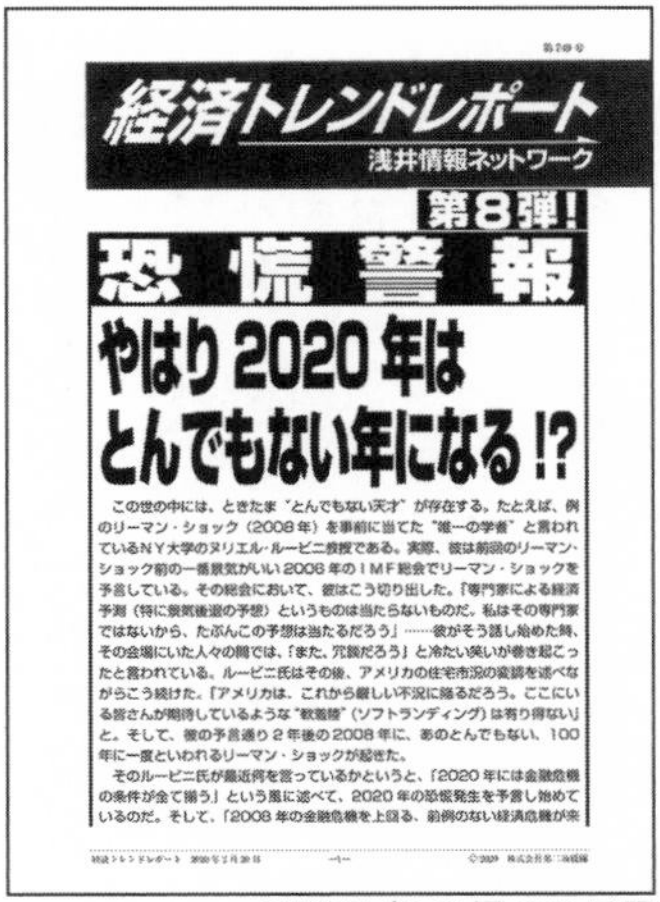

経済トレンドレポート
浅井情報ネットワーク

第8弾！

恐慌警報

やはり2020年はとんでもない年になる!?

この世の中には、ときたま"とんでもない天才"が存在する。たとえば、例のリーマン・ショック（2008年）を事前に当てた"唯一の学者"と言われているNY大学のヌリエル・ルービニ教授である。実際、彼は前回のリーマン・ショック前の一番景気がいい2006年のIMF総会でリーマン・ショックを予言している。その総会において、彼はこう切り出した。「専門家による経済予測（特に景気後退の予想）というものは当たらないものだ。私はその専門家ではないから、たぶんこの予想は当たるだろう」……彼がそう話し始めた時、その会場にいた人々の間では、「また、冗談だろう」と冷たい笑いが巻き起こったと言われている。ルービニ氏はその後、アメリカの住宅市況の変調を述べながらこう続けた。「アメリカは、これから厳しい不況に陥るだろう。ここにいる皆さんが期待しているような"軟着陸"（ソフトランディング）は有り得ない」と。そして、彼の予言通り2年後の2008年に、あのとんでもない、100年に一度といわれるリーマン・ショックが起きた。

そのルービニ氏が最近何を言っているかというと、「2020年には金融危機の条件が全て揃う」という風に述べて、2020年の恐慌発生を予言し始めているのだ。そして、「2008年の金融危機を上回る、前例のない経済危機が来

2020年2月20日号

今回のコロナ恐慌を当てていた、非常に価値のあるレポート。
これだけは最低限お読みいただきたい。

家破産警報』も流しております。「激動の二一世紀を生き残るために対策をしなければならないことは理解したが、何から手を付ければよいかわからない」「経済情報をタイムリーに得たいが、難しい内容にはついて行けない」という方は、最低でもこの経済トレンドレポートをご購読下さい。年間、約三万円で生き残るための情報を得られます。また、経済トレンドレポートの会員になられますと、当社主催の講演会など様々な割引・特典を受けられます。

■詳しいお問い合わせ先は、㈱第二海援隊まで。

TEL：〇三（三二九一）六一〇六　FAX：〇三（三二九一）六九〇〇
Eメール：info@dainikaientai.co.jp
ホームページアドレス：http://www.dainikaientai.co.jp/

恐慌・国家破産への実践的な対策を伝授する会員制クラブ

◆「自分年金クラブ」「ロイヤル資産クラブ」「プラチナクラブ」

国家破産対策を本格的に実践したい方にぜひお勧めしたいのが、第二海援隊の一〇〇%子会社「株式会社日本インベストメント・リサーチ」（関東財務局長（金商）第九二六号）が運営する三つの会員制クラブ（**「自分年金クラブ」「ロイヤル資産クラブ」「プラチナクラブ」**）です。

まず、この三つのクラブについて簡単にご紹介しましょう。**「自分年金クラブ」**は資産一〇〇〇万円未満の方向け、**「ロイヤル資産クラブ」**は資産一〇〇〇万〜数千万円程度の方向け、そして最高峰の**「プラチナクラブ」**は資産一億円以上の方向け（ご入会条件は資産五〇〇〇万円以上）で、それぞれの資産規模に応じた魅力的な海外ファンドの銘柄情報や、国内外の金融機関の活用法に関する情報を提供しています。

恐慌・国家破産は、なんと言っても海外ファンドや海外口座といった「海外の活用」が極めて有効な対策となります。特に海外ファンドについては、私たちは早くからその有効性に注目し、二〇年以上にわたって世界中の銘柄を調査してまいりました。本物の実力を持つ海外ファンドの中には、恐慌や国家破産といった有事に実力を発揮するのみならず、平時には資産運用としても魅力的なパフォーマンスを示すものがあります。こうした情報を厳選してお届けするのが、三つの会員制クラブの最大の特長です。

その一例をご紹介しましょう。三クラブ共通で情報提供する「ATファンド」は、先進国が軒並みゼロ金利というこのご時世にあって、年率五~七%程度の収益を安定的に挙げています。これは、たとえば三〇〇万円を預けると毎年約二〇万円の収益を複利で得られ、およそ一〇年で資産が二倍になる計算となります。しかもこのファンドは、二〇一四年の運用開始から一度もマイナスを計上したことがないという、極めて優秀な運用実績を残しています。日本国内の投資信託などではとても信じられない数字ですが、世界中を見渡せばこうした優れた銘柄はまだまだあるのです。

冒頭にご紹介した三つのクラブでは、「ATファンド」をはじめとしてより高い収益力が期待できる銘柄や、恐慌などの有事により強い力を期待できる銘柄など、様々な魅力を持ったファンド情報をお届けしています。なお、資産規模が大きいクラブほど、取扱い銘柄数も多くなっております。

また、ファンドだけでなく金融機関選びも極めて重要です。単に有事にも耐え得る高い信頼性というだけでなく、各種手数料の優遇や有利な金利が設定されている、日本にいながらにして海外の市場と取引ができるなど、金融機関も様々な特長を持っています。こうした中から、各クラブでは資産規模に適した、魅力的な条件を持つ国内外の金融機関に関する情報を提供し、またその活用方法についてもアドバイスしています。

その他、国内外の金融ルールや国内税制などに関する情報など資産防衛に有用な様々な情報を発信、会員様の資産に関するご相談にもお応えしております。浅井隆が長年研究・実践してきた国家破産対策のノウハウを、ぜひあなたの大切な資産防衛にお役立て下さい。

■詳しいお問い合わせは「㈱日本インベストメント・リサーチ」まで。

TEL：〇三（三二九一）七二九一　FAX：〇三（三二九一）七二九二
Eメール：info@nihoninvest.co.jp

株で資産を作れる時代がやってきた！〝四つの株投資クラブ〟のご案内

◆「㊙（まるひ）株情報クラブ」

「㊙株情報クラブ」は、普通なかなか入手困難な日経平均の大きなトレンド、現物個別銘柄についての特殊な情報を少人数限定の会員制で提供するものです。

しかも、「ゴールド」と「シルバー」の二つの会があります。目標は、提供した情報の八割が予想通りの結果を生み、会員様の資産が中長期的に大きく殖えることです。そのために、日経平均については著名な「カギ足」アナリストの川上明氏が開発した「T1システム」による情報提供を行ないます。川上氏はこれまでも多くの日経平均の大転換を当てていますので、これからも当クラブに入会された方の大きな力になると思います。

また、その他の現物株（個別銘柄）については短期と中長期の二種類に分けて情報提供を行ないたいと思います。短期については川上明氏開発の「T14」

「T16」という二つのシステムにより日本の上場銘柄をすべて追跡・監視し、特殊な買いサインが出ると即買いの情報を提供いたします。そして、買った値段から一〇％上昇したら即売却していただき、利益を確定します。この「T14」「T16」は、これまでのところ当たった実績が九八％という驚異的なものとなっております（二〇一五年一月～二〇二〇年六月におけるシミュレーション）。

さらに中長期的銘柄としては、浅井の特殊な人脈数人および第二海援隊の一〇〇％子会社である㈱日本インベストメント・リサーチの専任スタッフが選び抜いた日・米・中三ヵ国の成長銘柄を情報提供いたします。特に、スイス在住の市場分析・研究家、吉田耕太郎氏の銘柄選びには定評があります。ここに、吉田氏が選んだ三つの過去の銘柄の実績を上げておきたいと思います。

まず一番目は、二〇一三年に吉田氏が推奨した「フェイスブック」。当時二七ドルでしたが、それが最近三〇〇ドル超になっています。つまり、七～八年で一〇倍というすさまじい成績を残しています。二番目の銘柄としては、「エヌビディア」です。こちらは二〇一七年、一〇〇ドルの時に推奨し、現在六〇〇ドル超となっていますので、四年で六倍以上です。さらに三番目の銘柄の「アマゾン」ですが、二〇一六年、七〇〇ドルの時に推奨し、現在三二〇〇ドル超です。こちらは五年で四・五倍です。こういった銘柄を中長期的に持つということは、皆さんの財産形成において大きく資産を殖やせるものと思われます。

そこで、「ゴールド」と「シルバー」の違いを説明いたしますと、「ゴールド」は小さな銘柄も含めて年四〜八銘柄を皆さんに推奨したいと考えております。これはあくまでも目標で年平均なので、多い年と少ない年があるのはご了承下さい。「シルバー」に関しては、小さな銘柄（売買が少なかったり、上場されてはいるが出来高が非常に少ないだけではなく時価総額も少なくてちょっとしたお金でも株価が大きく動く銘柄）は情報提供をいたしません。これは、情報提供をするとそれだけで上がる危険性があるためです（「ゴールド」は人数が少ないので小さな銘柄も情報提供いたします）。そのため、「シルバー」の推奨銘柄は年三〜六銘柄と少なくなっております。

「ゴールド」はまさに少人数限定二〇名のみ、「シルバー」も六〇名限定となっております。「シルバー」は二次募集をする可能性もあります。クラブの開始時期ですが、すでに情報提供候補の銘柄がいくつかございますので、数名集まり次第即時スタートと考えております。

なお、二〇二一年六月二六日に無料説明会（「㊙株情報クラブ」「ボロ株クラブ」合同）を第二海援隊隣接セミナールームにて開催いたしました。その時のCDを二〇〇〇円（送料込み）にてお送りしますのでお問い合わせ下さい。

皆さんの資産を大きく殖やすという目的のこの二つのクラブは、皆さんに大変有益な情報提供ができると確信しております。奮ってご参加下さい。

■お問い合わせ先：㈱日本インベストメント・リサーチ「㊙株情報クラブ」まで。

TEL：〇三（三二九一）七二九一　FAX：〇三（三二九一）七二九二

Eメール：info@nihoninvest.co.jp

◆「ボロ株クラブ」

ご存じのように、新型コロナウイルス蔓延による実体経済の落ち込みとは裏腹に、世界中で株高となっております。アメリカ、ドイツ、韓国、台湾、インドなどの株式市場では、二〇二〇年三月のコロナショック以降に史上最高値の更新が相次ぎました。こうした現象は、全世界で二〇兆ドル以上ともされる刺激策に裏打ちされていると言ってよいでしょう。

コロナショック以降の株高により、世界中で前代未聞とも言える個人投資家の株ブームが巻き起こっています。背景には、「将来への不安」「現金からの逃避」(インフレ対策)といった事情があると報じられています。二〇二〇年に世界のM2(現金や預金)は、過去一五〇年で最大の増加を示したという分析がなされています。第二次世界大戦後の刺激策よりも多くのお金が氾濫していると言ってよいでしょう。

こうした事情により、昨今の株ブームは一過性のものではない(想像しているより長期化する可能性が高い)と第二海援隊グループでは見ています。そこで読者の皆さんにおかれましても従来の海外ファンドに加えて株でも資産形成をしていただきたく思い、新たに二つの株に特化した情報サービス(会員制クラブ）を創設することになりました。

その一つが、「ボロ株クラブ」です。「ボロ株」とは、主に株価が一〇〇円以下の銘柄を指します。何らかの理由で売り叩かれ、投資家から相手にされなくなった〝わけアリ〟の銘柄もたくさんあり、証券会社の営業マンがお勧めすることもありませんが、私たちはそこにこそ収益機会があると確信しています。

現在、〝上がっている株〟と聞くと多くの方は成長の著しいアメリカのＩＣＴ（情報通信技術）関連の銘柄を思い浮かべるのではないでしょうか。事実として、アップルやＦＡＮＧ（フェイスブック、アマゾン、ネットフリックス、グーグル）、さらには大手ＥＶメーカーのテスラといったＩＣＴ銘柄の騰勢は目を見張るほどです。しかし、こうした銘柄はすでに高値になっているとも考えられ、ここから上値を追いかけるにはよほどの〝腕〟が求められることでしょう。

「人の行く裏に道あり花の山」という相場の格言があります。「人はとかく群集心理で動きがちだ。いわゆる付和雷同である。ところが、それでは大きな成功は得られない。むしろ他人とは反対のことをやった方が、うまく行く場合が多い」とこの格言は説いています。

すなわち、私たちは半ば見捨てられた銘柄にこそ大きなチャンスが眠っていると考えています。実際、「ボロ株」はしばしば大化けします。事実として先に開設されている「日米成長株投資クラブ」で情報提供した低位株（「ボロ株」を含む株価五〇〇円以下の銘柄）は二〇一九～二〇年に多くの実績を残しました。

ブルームバーグは二〇二一年初頭に、「日本の小型株が世界の株高の波に乗れていない」と報じています。すでに世界では誰もが知るような大型株（値嵩株）からニッチな小型株に投資家の資金がシフトしていますが、日本の小型株は取り残されているというわけです。日本の小型株が出遅れているということはある意味で絶好のチャンスだと言えます。いずれ日本の小型株にも資金ローテーションの順番がくるという前提に立てば、今こそ仕込み時なわけです。

もちろん、やみくもに「ボロ株」を推奨して行くということではありません。弊社が懇意にしている「カギ足」アナリスト川上明氏の分析を中心に、さらには同氏が開発した自動売買判断システム「ＫＡＩ―解―」からの情報も取り入れ、短中長期すべてをカバーしたお勧めの取引（銘柄）をご紹介します。

構想から開発までに十数年を要した「ＫＡＩ」には、すでに多くの判断システムが組み込まれていますが、「ボロ株クラブ」ではその中から「Ｔ８」というシステムによる情報を取り入れようと検討しています。Ｔ８の戦略を端的に説明しますと、「ある銘柄が急騰し、その後に反落、そしてさらにその後のリバウンド（反騰）を狙う」となります。

川上氏のより具体的な説明を加えましょう――「ある銘柄が急騰すると、利益確定に押され急落する局面が往々にしてあるが、出遅れ組の押し目が入りやすい。すなわち、急騰から反落の際には一度目の急騰の際に買い逃した投資家の買いが入りやすい」。過去の傾向からしても、およそ七割の確率でさらなるリバウンドが期待できるとのことです。そして、リバウンド相場は早く動くことが多いため、投資効率が良くデイトレーダーなどの個人投資家にとってはうってつけの戦略と言えます。川上氏は、生え抜きのエンジニアと一緒に一九九〇～二〇一四年末までのデータを使ってパラメータ（変数）を決定し、二〇一五年一月四日～二〇二〇年五月二〇日までの期間で模擬売買しています。すると、勝率八割以上という成績になりました。一銘柄ごとの平均リターンは約五％強ですが、「ボロ株クラブ」では、「T８」の判断を基に複数の銘柄を取引することで目標年率二〇％以上を目指します。

さらには、「P１」という判断システムを川上氏が開発中です。これは、ある銘柄が「ボロ株」（一〇〇円未満）に転落した際、そこから再び一〇〇円以上に戻る確率が高いであろうという想定に基づき開発しているシステムです。現在は未完成の段階ですが、早い時期のリリースが見込まれます。

これら情報を複合的に活用することで、年率四〇％も可能だと考えています。年会費も第二海援隊グループの会員の方にはそれぞれ割引サービスをご用意しております。詳しくは、お問い合わせ下さい。また、「ボロ株」の「時価総額や出来高が少ない」という性質上、無制限に会員様を募ることができません。一〇〇名を募集上限（第一次募集）とします。

■お問い合わせ先：㈱日本インベストメント・リサーチ「ボロ株クラブ」まで。

TEL：〇三（三二九一）七二九一　FAX：〇三（三二九一）七二九二
Eメール：info@nihoninvest.co.jp

◆「日米成長株投資クラブ」

「コロナショック」とその後の世界各国の経済対策によって、世界の経済は「大インフレ時代」に向かいつつあります。それに先んじて、株式市場はすでに「コロナバブル」というよりも「株インフレ」と形容すべきトレンドに突入した感があります。こうした時代には、株式が持つ価格変動リスクよりも、株を持たないことによるインフレリスクにより警戒すべきです。

また、これから突入する「激動と混乱」の時代には、ピンチとチャンスが混然一体となってやってきます。多くの人たちにとって混乱とはピンチですが、「資産家は恐慌時に生まれる」という言葉がある通り、トレンドをしっかりと見極め、適切な投資を行なえば資産を増大させる絶好の機会ともなり得ます。

浅井隆は、そうした時代の到来に先んじて二〇一八年から「日米成長株投資クラブ」を立ち上げ、株式に関する情報提供、助言を行なってきました。クラブの狙いは、株式投資に特化しつつも経済トレンドの変化にも対応するという、ほかにはないユニークな情報を提供する点です。現代最高の投資家であるウォーレン・バフェット氏とジョージ・ソロス氏の投資哲学を参考として、割安な株、成長期待の高い株を見極め、じっくり保有するバフェット的発想と、経済トレンドを見据えた大局観の投資判断を行なって行くソロス的手法を両立することで、大激動を逆手に取り、「一〇年後に資産一〇倍」を目指します。

経済トレンド分析には、私が長年信頼するテクニカル分析の専門家、川上明氏による「カギ足分析」を主軸としつつ、長年多角的に経済トレンドの分析を行なってきた浅井隆の知見も融合して行きます。川上氏のチャート分析は極めて強力で、たとえば日経平均では二八年間で約七割の驚異的な勝率を叩き出しています。

また、個別銘柄については発足から二〇二一年三月までに延べ三〇銘柄程度を情報提供してきましたが、多くの銘柄で良好な成績を残し、会員の皆さんに収益機会となる情報をお届けすることができました。これらの銘柄の中には、低位小型株から比較的大型のものまで含まれており、中には短期的に連日ストップ高を記録し数倍に大化けしたものもあります。

会員の皆さんには、こうした情報を十分に活用していただき、当クラブにて大激動をチャンスに変えて大いに資産形成を成功させていただきたいと考えております。ぜひこの機会を逃さずにお問い合わせ下さい。サービス内容は以下の通りです。

1．浅井隆、川上明氏（テクニカル分析専門家）が厳選する国内の有望銘柄の情報提供
2．株価暴落の予兆を分析し、株式売却タイミングを速報
3．日経平均先物、国債先物、為替先物の売り転換、買い転換タイミングを速報
4．バフェット的発想による、日米の超有望成長株銘柄を情報提供

■詳しいお問い合わせ先：㈱日本インベストメント・リサーチ

TEL：〇三（三二九一）七二九一　FAX：〇三（三二九一）七二九二
Eメール：info@nihoninvest.co.jp

◆「オプション研究会」

「コロナ恐慌」の到来によって、世界はまったく新たな激動の局面に突入しました。この深刻な危機に対し、世界各国で「救済」という名のばら撒きが加速しています。しかしながら、これは「超巨大恐慌」という私たちの想像を絶する怪物を呼び寄せる撒き餌にほかなりません。この異形の怪物は、日頃は鳴りを潜めていますが、ひとたび登場すれば私たちの生活を完膚なきまでに破壊し、資産を根こそぎ奪い去るだけに留まりません。最終的には国家すら食い殺し、破綻させるほどに凶暴です。そして、次にこの怪物が登場した時、その犠牲の筆頭となる国は、天文学的な政府債務を有する日本になるでしょう。

このように、国家破産がいよいよ差し迫った危機になってくると、ただ座していているだけでは資産を守り、また殖やすことは極めて難しくなります。これからは様々な投資法や資産防衛法を理解し、必要に応じて実践できるかが生き残りのカギとなります。つまり、投資という武器をうまく使いこなすことこそが、激動の時代の「必須のスキル」となるのです。

しかし、考え方を変えれば、これほど変化に富んだ、そして一発逆転すら可能な時代もないかもしれません。必要なスキルを身に付け、この状況を果敢に乗りこなせば、大きなチャンスを手にすることもできるわけです。積極的に打って出るのか、はたまた不安と恐怖に駆られながら無為に過ごすのかは、「あなた次第」なのです。

現代は、実に様々な投資を誰でも比較的容易に実践することができます。しかしながら、それぞれの投資方法には固有の勘どころがあり、また魅力も異なります。戦国の世には様々な武器がありましたが、それらの武器にも勘どころや強みが異なっていたのとまさに同じというわけです。そして、これから到来する恐慌・国家破産時代において、最もその威力と輝きを増す「武器」こそが「オプション取引」というわけです。本書でも触れている「オプション取引」の魅力を今一度確認しておきましょう。

・非常に短期（数日〜一週間程度）で数十倍〜数百倍の利益を上げることも可能
・「買い建て」取引のみに限定すれば、損失は投資額に限定できる
・恐慌、国家破産などで市場が大荒れするほどに収益機会が広がる
・最低投資額は一〇〇〇円（取引手数料は別途）
・株やFXと異なり、注目すべき銘柄は基本的に「日経平均株価」の動きのみ
・給与や年金とは分離して課税される（税率約二〇％）

もちろん、いかに強力な「武器」でも、うまく使いこなすことが重要です。もしあなたが、これからの激動期に「オプション取引」で挑んでみたいとお考えであれば、第二海援隊グループがその習熟を「情報」と「助言」で強力に支援いたします。二〇一八年一〇月に発足した「オプション研究会」では、オプション取引はおろか株式投資などほかの投資経験もないという方にも、道具の揃え方から基本知識の伝授、投資の心構え、市況変化に対する考え方や収益機会のとらえ方など、初歩的な事柄から実践に至るまで懇切丁寧に指導いたしま

す。これからの「恐慌経由、国家破産」というピンチをチャンスに変えようという意欲がある方のご入会を心よりお待ちしています。
■㈱日本インベストメント・リサーチ「オプション研究会」
担当 山内・稲垣・関 TEL：〇三（三二九一）七二九一
FAX：〇三（三二九一）七二九二 Eメール：info@nihoninvest.co.jp

◆「オプション取引」習熟への近道を知るための「セミナーDVD・CD」発売中

「オプション取引」の習熟を全面支援し、また取引に参考となる市況情報なども提供する「オプション研究会」。その概要を知ることができる「DVD／CD」を用意しています。
■「オプション研究会 無料説明会 受講DVD／CD」■
浅井隆自らがオプション投資の魅力と活用のポイントについて解説し、また専任スタッフによる「オプション研究会」の具体的内容を説明した「オプショ

ン研究会 無料説明会」（二〇一八年一二月一五日開催）の模様を収録したDVD／CDです。「浅井隆からのメッセージを直接聞いてみたい」「オプション研究会への理解を深めたい」という方は、ぜひご入手下さい。

「オプション研究会 無料説明会 受講DVD／CD」（約一六〇分）

価格 DVD 三〇〇〇円（送料込）／CD 二〇〇〇円（送料込）

※お申込み確認後約一〇日で代金引換にてお届けいたします。

■DVD／CDに関するお問い合わせは、

「㈱日本インベストメント・リサーチ オプション研究会担当」まで。

TEL：〇三（三二九一）七二九一　FAX：〇三（三二九一）七二九二

Eメール：info@nihoninvest.co.jp

他にも独自の〝特別情報〟をご提供

◆「ダイヤモンド投資情報センター」

現物資産を持つことで資産保全を考える場合、小さくて軽いダイヤモンドは持ち運びも簡単で、大変有効な手段と言えます。近代画壇の巨匠・藤田嗣治は第二次世界大戦後、混乱する世界を渡り歩く際、資産として持っていたダイヤモンドを絵の具のチューブに隠して持ち出し、渡航後の糧にしました。金《きん》（ゴールド）だけの資産防衛では不安という方は、ダイヤモンドを検討するのも一手でしょう。

しかし、ダイヤモンドの場合、金《きん》とは違って公的な市場が存在せず、専門の鑑定士がダイヤモンドの品質をそれぞれ一点ずつ評価して値段が決まるため、売り買いは金《きん》に比べるとかなり難しいという事情があります。そのため、信頼できる専門家や取扱い店と巡り合えるかが、ダイヤモンドでの資産保全の成否の分かれ目です。

そこで、信頼できるルートを確保し業者間価格の数割引という価格での購入が可能で、ＧＩＡ（米国宝石学会）の鑑定書付きという海外に持ち運んでも適正価格での売却が可能な条件を備えたダイヤモンドの売買ができる情報を提供いたします。

■ご関心がある方は「ダイヤモンド投資情報センター」にお問い合わせ下さい。
㈱第二海援隊　TEL：〇三（三二九一）六一〇六　担当：大津

◆『浅井隆と行くニュージーランド視察ツアー』

南半球の小国でありながら独自の国家戦略を掲げる国、ニュージーランド。浅井隆が二〇年前から注目してきたこの国が今、「世界で最も安全な国」として世界中から脚光を浴びています。核や自然災害の脅威、資本主義の崩壊に備え、世界中の大富豪がニュージーランドに広大な土地を購入し、サバイバル施設を建設しています。さらに、財産の保全先（相続税、贈与税、キャピタルゲイン課税がありません）、移住先としてもこれ以上の国はないかもしれません。

そのニュージーランドを浅井隆と共に訪問する、「浅井隆と行くニュージーランド視察ツアー」を毎年一一月に開催しております（なお、二〇二一年一一月のニュージーランドツアーは新型コロナウイルスの影響により中止となりました）。現地では、浅井の経済最新情報レクチャーもございます。内容の充実した素晴らしいツアーです。ぜひ、ご参加下さい。
■㈱第二海援隊　TEL：〇三（三二九一）六一〇六　担当：大津

◆浅井隆のナマの声が聞ける講演会

著者・浅井隆の講演会を開催いたします。二〇二一年は名古屋・一〇月一日（金）、大阪・一〇月八日（金）、福岡・一〇月一五日（金）、東京・一〇月二九日（金）を予定しております。経済の最新情報をお伝えすると共に、生き残りの具体的な対策を詳しく、わかりやすく解説いたします。

活字では伝えることのできない肉声による貴重な情報にご期待下さい。
■詳しいお問い合わせ先は、㈱第二海援隊まで。
㈱第二海援隊
TEL：〇三（三二九一）六一〇六　FAX：〇三（三二九一）六九〇〇
Eメール：info@dainikaientai.co.jp

◆第二海援隊ホームページ

第二海援隊では様々な情報をインターネット上でも提供しております。詳しくは「第二海援隊ホームページ」をご覧下さい。私ども第二海援隊グループは、皆さんの大切な財産を経済変動や国家破産から守り殖やすためのあらゆる情報提供とお手伝いを全力で行ないます。

また、浅井隆によるコラム「天国と地獄」を一〇日に一回、更新中です。経済を中心に長期的な視野に立って浅井隆の海外をはじめ現地生取材の様子をレポートするなど、独自の視点からオリジナリティあふれる内容をお届けします。

■ホームページアドレス： http://www.dainikaientai.co.jp/

第二海援隊
ＨＰはこちら

〈参考文献〉

【新聞・通信社】

『日本経済新聞』『産経新聞』『読売新聞』『毎日新聞』『東京新聞』
『共同通信』『ブルームバーグ』『ロイター』『フィナンシャル・タイムズ』

【拙著】

『国家破産を生き残るための12の黄金の秘策〈下〉』（第二海援隊）
『コロナ恐慌で財産を10倍にする秘策』（第二海援隊）
『10万円を10年で10億円にする方法』（第二海援隊）
『2030年までに日経平均10万円、そして大インフレ襲来!!』（第二海援隊）
『有事資産防衛 金か？　ダイヤか？』（第二海援隊）
『最後のバブルそして金融崩壊』（第二海援隊）
『円が紙切れになる前に金を買え！』（第二海援隊）
『もはや日本には創造的破壊（ガラガラポン）しかない!!』（第二海援隊）
『この国は95%の確率で破綻する!!』（第二海援隊）
『巨大インフレと国家破産』（第二海援隊）

【論文】

『日本の財政が破綻すれば、週５万円しか引き出せない日々がずっと続く』
（河村小百合〈日本総合研究所調査部主席研究員〉）

【その他】

『経済トレンドレポート』『ロイヤル資産クラブレポート』『明日への選択』

【ホームページ】

フリー百科事典『ウィキペディア』
『参議院』『内閣府』『厚生労働省』『金融庁』『財務省』『総務省』『NHK』
『日本銀行』『IMF』『米労働省』『独連邦統計庁』『中国国家統計局』
『CNN』『日経ビジネスオンライン』『ダイヤモンド・オンライン』
『プレジデントオンライン』『東洋経済オンライン』『クラブツーリズム』
『ニッセイ基礎研究所』『大和総研』『公益財団法人国際通貨研究所』
『NNA　ASIA』『ウォール・ストリート・ジャーナル』『三井住友銀行』
『ビジネスインサイダー』

〈著者略歴〉

浅井　隆　（あさい　たかし）

経済ジャーナリスト。1954年東京都生まれ。学生時代から経済・社会問題に強い関心を持ち、早稲田大学政治経済学部在学中に環境問題研究会などを主宰。一方で学習塾の経営を手がけ学生ビジネスとして成功を収めるが、思うところあり、一転、海外放浪の旅に出る。帰国後、同校を中退し毎日新聞社に入社。写真記者として世界を股にかける過酷な勤務をこなす傍ら、経済の猛勉強に励みつつ独自の取材、執筆活動を展開する。現代日本の問題点、矛盾点に鋭いメスを入れる斬新な切り口は多数の月刊誌などで高い評価を受け、特に1990年東京株式市場暴落のナゾに迫る取材では一大センセーションを巻き起こす。

その後、バブル崩壊後の超円高や平成不況の長期化、金融機関の破綻など数々の経済予測を的中させてベストセラーを多発し、1994年に独立。1996年、従来にないまったく新しい形態の21世紀型情報商社「第二海援隊」を設立し、以後約20年、その経営に携わる一方、精力的に執筆・講演活動を続ける。

主な著書:『大不況サバイバル読本』『日本発、世界大恐慌！』（徳間書店）『95年の衝撃』（総合法令出版）『勝ち組の経済学』（小学館文庫）『次にくる波』（PHP研究所）『Human Destiny』（『9・11と金融危機はなぜ起きたか!?〈上〉〈下〉』英訳）『いよいよ政府があなたの財産を奪いにやってくる!?』『預金封鎖、財産税、そして10倍のインフレ!!〈上〉〈下〉』『世界中の大富豪はなぜＮＺに殺到するのか!?〈上〉〈下〉』『円が紙キレになる前に金を買え！』『元号が変わると恐慌と戦争がやってくる!?』『有事資産防衛　金か？　ダイヤか？』『第2のバフェットか、ソロスになろう!!』『浅井隆の大予言〈上〉〈下〉』『2020年世界大恐慌』『北朝鮮投資大もうけマニュアル』『この国は95%の確率で破綻する!!』『徴兵・核武装論〈上〉〈下〉』『100万円を6ヵ月で2億円にする方法！』『最後のバブルそして金融崩壊』『恐慌と国家破産を大チャンスに変える！』『国家破産ベネズエラ突撃取材』『都銀、ゆうちょ、農林中金まで危ない!?』『10万円を10年で10億円にする方法』『私の金が売れない！』『株大暴落、恐慌目前！』『2020年の衝撃』『デイトレ・ポンちゃん』『新型肺炎発世界大不況』『恐慌からあなたの預金を守れ!!』『世界同時破産！』『コロナ大不況生き残りマニュアル』『コロナ恐慌で財産を10倍にする秘策』『巨大インフレと国家破産』『年金ゼロでやる老後設計』『もはや日本には創造的破壊（ガラガラポン）しかない!!』『ボロ株投資で年率40%も夢じゃない!!』『2030年までに日経平均10万円、そして大インフレ襲来!!』『あなたが知らない恐るべき再生医療』（第二海援隊）など多数。

コロナでついに国家破産――2026年の悪夢――

2021年7月27日　初刷発行

著　者　浅井　隆
発行者　浅井　隆
発行所　株式会社　第二海援隊
〒101-0062
東京都千代田区神田駿河台２-５-１　住友不動産御茶ノ水ファーストビル８Ｆ
電話番号　03-3291-1821　　ＦＡＸ番号　03-3291-1820

印刷・製本／株式会社シナノ

　ISBN978-4-86335-216-2
Printed in Japan

第二海援隊発足にあたって

日本は今、重大な転換期にさしかかっています。にもかかわらず、私たちはこの極東の島国の上で独りよがりのパラダイムにどっぷり浸かって、まだ太平の世を謳歌しています。

しかし、世界はもう動き始めています。その意味で、現在の日本はあまりにも「幕末」に似ているのです。ただ、今の日本人には幕末の日本人と比べて、決定的に欠けているものがあります。それこそ、志と理念です。現在の日本は世界一の債権大国（＝金持ち国家）に登り詰めはしましたが、人間の志と資質という点では、貧弱な国家になりはててしまいました。それこそが、最大の危機といえるかもしれません。

そこで私は「二十一世紀の海援隊」の必要性を是非提唱したいのです。今日本に必要なのは、技術でも資本でもありません。志をもって大変革を遂げることのできる人物と、それを支える情報です。まさに、情報こそ〝力〟なのです。そこで私は本物の情報を発信するための「総合情報商社」および「出版社」こそ、今の日本に最も必要と気付き、自らそれを興そうと決心したのです。

しかし、私一人の力では微力です。是非皆様の力をお貸しいただき、二十一世紀の日本のために少しでも前進できますようご支援、ご協力をお願い申し上げる次第です。

浅井　隆